Obediencia pasiva y otros escritos

George Berkeley

Obediencia pasiva y otros escritos

Traducción, introducción y notas
de Alberto Luis López

Alianza editorial
El libro de bolsillo

Título original: *A Discourse on Passive Obedience. Advice to the Tories Who Have Taken the Oath. An Essay towards Preventing The Ruin Of Great Britain. Discourse To Magistrates & Men In Authority. A word to the wise: or, an exhortation to the Roman Catholic clergy of Ireland. Maxims Concerning Patriotism.*

Diseño de colección: Estrada Design
Diseño de cubierta: Manuel Estrada
Ilustración de cubierta: © Incamerastock/Alamy/Cordon Press

PAPEL DE FIBRA
CERTIFICADA

© de la traducción, introducción y notas: Alberto Luis López, 2025
© Alianza Editorial, S. A., Madrid, 2025
   Calle Valentín Beato, 21
   28037 Madrid
   www.alianzaeditorial.es

ISBN: 978-84-1148-965-2
Depósito legal: M. 3.399-2025
Printed in Spain

Si quiere recibir información periódica sobre las novedades de Alianza Editorial, envíe un correo electrónico a la dirección: alianzaeditorial@anaya.es

Índice

Índice

Estudio introductorio

1. Vida y obra

George Berkeley, hijo del inglés William Berkeley y la irlandesa Elisabeth Southerne, nació el 12 de marzo de 1685 en el condado de Kilkenny, al sureste de Irlanda, y se crio en Dysart Castle, cerca del pequeño poblado de Thomastown en el mismo condado[1]. En 1696 ingresó a la escuela del duque de Ormond (conocida como Kilkenny School) y en 1700, aún sin cumplir los 15 años, se matriculó en la universidad de Dublín, conocida como Trinity College. Su familia corrió con los gastos porque Berkeley no contaba con beca o subsidio alguno; sin embargo, en 1701 fue elegido para una exposición escolar y gracias a ella ganó una beca para el siguiente año lectivo. Tras concluir sus estudios se graduó como Bachelor of Arts (B. A.) en la primavera de 1704.

Luego de graduarse, mientras esperaba una oportunidad para competir por un puesto en la universidad, trabajó en temas matemáticos que derivaron en la publicación de dos obras en latín en 1707: *Miscelánea matemática* y *Aritmética demostrada sin el álgebra o sin Euclides*. El 9 de junio de ese mismo año se convirtió en Junior Fellow, ingresando con ello a la vida académica. El 19 de noviembre de 1707 leyó su artículo «De infinitos» en la Dublin Philosophical Society, una obra matemático-filosófica que no fue publicada hasta después de su muerte. Además de cumplir con sus obligaciones docentes, Berkeley estudió teología, fue ordenado diácono en febrero de 1709 y sacerdote al siguiente año. En esa época publicó el *Ensayo para una nueva teoría de la visión* (1709) y el *Tratado sobre los principios del conocimiento humano* (1710), obra que le dio un lugar importante en la historia de la filosofía. A la par de sus intereses epistemológicos, el joven filósofo mostró una franca preocupación por los problemas sociales y políticos de su entorno, que lo llevaron a dictar una serie de sermones en la capilla del Colegio, que fueron publicados de forma póstuma bajo el título de *Discurso sobre la obediencia pasiva* (1712).

A pesar de que Berkeley conservó su vínculo laboral con el Trinity College hasta 1724, pasó gran parte del periodo comprendido entre 1713 y 1724 lejos de Dublín. Por ejemplo, en enero de 1713 se fue a Londres para organizar la publicación de los *Tres diálogos entre Hylas y Filonús,* una versión más accesible de su *Tratado*. En esa ciudad entró en contacto con quien sería su gran amigo, Jonathan Swift, y con importantes personajes ingleses como Daniel Defoe, Alexander Pope y Joseph Addison. Su buena relación con Swift hizo que este lo introdujera en la corte y le presentara algunos nobles, gracias a cuyos contactos tuvo la oportunidad de partir, a finales de año, hacia Italia y Francia[2] como capellán de lord Peterborough, volviendo a Inglaterra en agosto de 1714.

Dos años después, en 1716, regresó a Italia acompañando a George Ashe, hijo del rector del Trinity College y obispo de Clogher. Allí pasó cinco años como tutor, conoció las antigüedades y tesoros artísticos del país, observó fenómenos naturales como la erupción del volcán Vesuvio —experiencia que fue plasmada en unas notas que aparecieron en las *Transactions of the Philosophical Society*—, entró en contacto con la comunidad católica del sur de Italia —de la que dio cuenta en *Una carta al sr. John James* (1741)— y perdió el manuscrito de la segunda parte de su *Tratado*, el cual desafortunadamente nunca volvió a escribir[3]. De regreso a Inglaterra pasó un tiempo en Lyon, Francia, donde escribió su ensayo sobre el movimiento, *De Motu,* que presentó para el gran premio de la Academia de ciencias de París. A principios de 1721 volvió a Londres y para el inicio del año académico 1721-22 estaba ya en Dublín, donde fungió como Senior Fellow (posición que le fue designada en 1717 mientras estaba en Italia). A su regreso a las islas encontró una región sumida en una profunda crisis social causada por el desastre económico de la compañía del Mar del Sur, que lo llevó a publicar ese mismo año *Un ensayo para prevenir la ruina de Gran Bretaña,* donde propuso ampliar las leyes suntuarias, fomentar las artes y volver a una vida más simple.

En mayo de 1724 renunció al Trinity College para convertirse en deán anglicano de Londonderry, aunque nunca residió en esa ciudad del norte porque pasó gran parte de los siguientes cuatro años en Londres, donde publicó *Una propuesta para el mejor abastecimiento de las iglesias en nuestras plantaciones extranjeras y para convertir a los salvajes americanos al cristianismo* (1724). Por esos años ya planeaba hacer un viaje para establecer un colegio en las islas Bermudas, en el que pretendía educar a los hijos de los colonos y enseñar la religión anglicana a los nativos americanos. Para obtener fondos para su proyecto, logró persuadir al parlamento y a la casa real de que le concedieran una ayuda de veinte mil libras en apoyo a su causa. Las primeras diez mil libras le fueron entregadas por la Cámara de los Comunes con la promesa de darle el resto posteriormente. Confiado en recibir la cantidad prometida, el 1 de agosto de 1728 se casó con Anne Foster, hija del jefe de justicia de Irlanda, y al poco tiempo partieron para América. Se establecieron en Newport, Rhode Island, y compraron una granja donde nacieron sus primeros dos hijos: Henry y George. Berkeley esperó casi tres años la cantidad prometida para construir su colegio, pero para entonces el parlamento había perdido interés en el proyecto y nunca envió el dinero restante. Frustrado su intento evangelizador, el filósofo volvió a Londres a mediados de 1731. Pese al fracaso de su proyecto, la estancia americana no fue infructífera. Durante ese tiempo escribió varios artículos que publicó dos o tres años después de volver a Londres, contribuyó con las incipientes universidades norteamericanas —después nombradas Harvard y Yale— donando cientos de libros, conoció de primera mano la vida en América y, sobre todo, redactó su *Alcifrón o el filósofo minucioso* que publicó un año después de volver de América.

En enero de 1734, año en que publicó *El analista*, fue designado obispo de Cloyne y bendecido el 19 de mayo en la iglesia de san Pablo en Dublín. Como obispo, se ocupó de la difícil situación económica y social de Irlanda, haciendo lo posible por ayudar a mejorar las condiciones de vida de todos sus habitantes, incluidos los católicos. Entre 1735 y 1737 publicó una serie de artículos titulados *The Querist*, en los que criticó a la metrópoli y pugnó por el desarrollo económico de Irlanda. Los años de la peste (1740-1741) lo llevaron a publicar *Siris o una cadena de reflexiones e investigaciones filosóficas acerca de las virtudes del agua de alquitrán* (1744), obra metafísica y neoplatónica fruto de su encuentro con el uso medicinal del agua de alquitrán usado por los indígenas norteamericanos.

Debido a los estragos causados por la rebelión jacobita de 1745, decidió dirigirse al clero católico en *Una advertencia o exhortación* (1749), recibiendo una agradable respuesta el 18 de noviembre del mismo año en el periódico de Dublín:

> Su sincero y cordial agradecimiento al digno autor, asegurándole que está decidido a cumplir con cada particular recomendado por él hasta el máximo de su capacidad. Cada página contiene una prueba de la enorme caridad del autor. Sus puntos de vista son sólo hacia el bien público. [...] Su manera de tratar a las personas, en las circunstancias en que se encuentran, es tan singular que muestra claramente al buen hombre, al caballero cultivado y al verdadero patriota[4].

La salud de Berkeley se deterioró con la muerte de su hijo William en 1751. Al año siguiente renunció a su obispado y se trasladó con su familia a Oxford para acompañar a su hijo George que allí estudiaba. Murió el 14 de enero de 1753, a los pocos meses de haber llegado, mientras «oía a su compañera leer unos fragmentos de la Biblia bajo la luz de una tarde de domingo»[5]. Fue enterrado el 20 de enero en la iglesia de Cristo en Oxford, Inglaterra, donde aún permanecen sus restos.

2. Estudio sobre la obra política y social de Berkeley

I. La filosofía moral, política y social de Berkeley está presente en los *Cuadernos* o *Notebooks* (1707-1708) —también llamados *Comentarios Filosóficos*—, en *Alcifrón* (1732) y en varios ensayos publicados en *The Guardian* (1713), pero está contenida principalmente en los textos del volumen 6 de las obras completas editadas a mediados del siglo XX por Luce y Jessop. A pesar de su importancia, las ideas morales, sociales y políticas del irlandés son poco conocidas entre los especialistas, lo que se debe a que por mucho tiempo se ha asumido que su idealismo (en sus aspectos epistemológico, ontológico, de filosofía del lenguaje y de crítica matemática), contenido principalmente en los *Principios* de 1710 y en los *Diálogos* de 1713, es lo único importante de su filosofía. En consecuencia, se ha creído que estas ideas, incluidas las económicas, son poco relevantes porque aportaron poco o nada a los grandes debates teóricos de la época. Esa opinión se debe, en parte, a que Berkeley no aparece en las historias del pensamiento político y económico ni es reconocido por estar entre los grandes teóricos de la filosofía política, como sí lo está entre los de la historia de la filosofía o incluso en la de la matemática. Otro motivo para sustentar esa opinión es el hecho de que fue un obispo anglicano defensor de Dios, lo cual genera el prejuicio inmediato, incluso entre especialistas, de que debe tratarse de un conservador con ideas políticas anticuadas e indefendibles en la actualidad y que, por lo mismo, no vale la pena ser estudiado.

Frente a estas opiniones, hace más de medio siglo Paul Olscamp y Timothy Sullivan[6] señalaron en un par de artículos, de 1968 y 1970 respectivamente, el error de restarle importancia a sus ideas. Defendiendo esa misma tesis, Olscamp publicó en 1970 su famoso libro sobre la filosofía moral de Berkeley[7], el cual dio un impulso importante a los estudios sobre los aspectos éticos y morales de la filosofía del irlandés. A pesar de ese impulso, las ideas sociales y políticas continuaron siendo poco estudiadas por los especialistas. En los siguientes treinta años hubo algunos artículos en revistas y capítulos en volúmenes colectivos sobre esa parte olvidada, pero no había mayores señales de que fuera a ser tomada en cuenta por los estudiosos como complemento indispensable al estudio de las tesis epistemológicas[8]. Sin embargo, con la llegada del siglo XXI, esta actitud comenzó a cambiar. Por ejemplo, en el *Cambridge Companion to Berkeley* (2005) se incorporó un capítulo de Stephen Darwall sobre la filosofía moral y política de Berkeley[9]. En 2010 Scott Breuninger[10] publicó un libro excepcional desde la perspectiva de la historia de las ideas en el que analiza el contexto y contenido de las principales obras sociales y políticas del irlandés. Esto propició que cuatro años más tarde Daniel E. Flage (2014)[11] tocara temas de filosofía moral, política y social en los capítulos siete y ocho de su libro introductorio sobre Berkeley. En 2015, Sébastien Charles[12] editó un libro en la Voltaire Foundation de Oxford dedicado exclusivamente a temas morales, sociales y políticos.

Esta última obra es relevante no sólo por los artículos que contiene, sino por el enfoque mismo, ya que en la introducción el editor recuerda que la filosofía del irlandés está más engarzada de lo que normalmente se cree y afirma sin titubeos que «el pensamiento político y social de Berkeley [...] es la piedra de toque sobre la que se edifica la doctrina inmaterialista»[13]. La obra de Charles dio paso al libro de Tom Jones (2021), quien interpreta la biografía intelectual de Berkeley retomando su contexto y muchos de los aspectos sociales y políticos de su vida[14].

Nos encontramos en un momento en el que la obra social y política de Berkeley genera mayor interés y está siendo cada vez más valorada entre los estudiosos. Esto es comprensible no sólo por la época actual, que exige mayor apertura e inclusión en todos los ámbitos del conocimiento, sino, sobre todo, porque los propios especialistas del pensamiento berkeleyano se están dando cuenta de que el proyecto filosófico del irlandés lo demanda.

II. En cuanto a las ideas sociales y políticas de Berkeley, es por lo demás interesante que, cuando se revisan los diversos textos que las contienen, y más aún cuando se leen en conjunto, uno se percata fácilmente de que no se trata de ideas aisladas o de simples respuestas puntuales a situaciones específicas. Por el contrario, esas ideas están relacionadas entre sí y, directa o indirectamente, se vinculan también con el proyecto inmaterialista porque complementan sus postulados. Esto se traduce en que mientras el *Ensayo*, los *Principios*, los *Diálogos*, el *De Motu* y *El analista* conforman la parte teórica —epistemológica, ontológica, científica y matemática— del proyecto berkeleyano, las obras sociales y políticas que se incluyen en este volumen —junto con las morales contenidas en *Alcifrón* y en algunos *Ensayos* en *The Guardian* y las económicas en *The Querist*— constituyen la parte práctica del mismo.

Esta lectura del pensamiento de Berkeley obliga a entender que tanto las obras teóricas, ya bien conocidas y estudiadas, como las que tienen un enfoque más práctico forman parte de un mismo proyecto que no es sólo el inmaterialista, como normalmente se cree. De hecho, quizá lo más correcto sea decir que el inmaterialismo es una primera etapa del proyecto berkeleyano. En conjunto, se trata de un programa que tiene tres características: 1) es humanista, porque pone al ser humano como centro de sus reflexiones y aspira a que estas coadyuven a que alcance un bienestar espiritual que se traduzca en uno social; 2) es ilustrado, porque pone a la razón como garante de los argumentos y como guía de las reflexiones; 3) es cristiano y específicamente protestante (anglicano), porque considera que la fe cristiana, en su vertiente anglicana, impulsa la verdad y da los mejores frutos individuales y sociales; es decir, busca que el ser humano reconozca a Dios y que dedique tiempo a su contemplación porque al hacerlo obtendrá un beneficio personal y colectivo.

Esto último, de la mano con las otras dos características, es lo que lo llevó a asumir que para alcanzar ese estado de bienestar era imprescindible la defensa de la religión cristiana y, con ella, de la figura de Dios, porque habían sido —y Berkeley daba por hecho que seguían siendo— elementos centrales en la conformación de la sociedad al otorgarle valores, normas y un sentido de trascendencia (concepción que retomó Turgot en el primero de sus dos discursos de

1750 sobre el progreso humano[15]). Por lo tanto, es importante hacer notar que la defensa de Berkeley del cristianismo no se debió únicamente a que se tratase de un miembro prominente de la Iglesia de Irlanda y tampoco fue resultado de un simple dogmatismo religioso; por el contrario, su actitud apologética fue consecuencia de su preocupación por el ser humano y, en particular, por la decadencia social y moral en que en su opinión estaban sumidos los habitantes de Irlanda y de Inglaterra. El filósofo irlandés asumió entonces que frente a la crisis de valores de su época, que confirmó en sus viajes por Europa y en su estancia en América y que consideró que era resultado de una serie de circunstancias históricas, sociales y políticas, el único antídoto efectivo era la defensa racional de lo mejor de la religión cristiana. Al respecto, quizá sea *Alcifrón* la obra que mejor representa este espíritu humanista, ilustrado y cristiano de Berkeley.

El inmaterialismo berkeleyano, por tanto, no debe entenderse únicamente como una postura epistemológica, sino más bien como parte de una actitud teórica que buscaba hacer frente a las deterioradas condiciones morales, sociales y políticas del momento. Visto así, como parte de un programa humanista, ilustrado y cristiano, cobra pleno sentido, porque tiene el mismo objetivo que sus escritos sociales y políticos, a saber, luchar contra el librepensamiento pero también contra el deísmo, el ateísmo y el escepticismo, posturas filosóficas y teórico-vivenciales que para Berkeley eran defendidas por quienes querían socavar los cimientos de la sociedad de su tiempo. Así, en el proyecto berkeleyano, mientras el inmaterialismo de las primeras obras atacaba teóricamente la noción de materia, por ser confusa, contradictoria, inaccesible intelectualmente y por causar desvíos epistemológicos (lo que traía graves consecuencias para el conocimiento), las obras sociales y políticas contenidas en este volumen refutaban los efectos prácticos que esa doctrina originaba y que se traducían en males sociales concretos. Por ello redactó, casi a la par de los *Principios* y de los *Diálogos*, escritos sociales y políticos que cuestionaban las prácticas y los hábitos de los librepensadores por ser peligrosos para la sociedad (postura semejante a la que adoptó Voltaire en el mismo siglo XVIII al criticar el ateísmo[16]). En este sentido, se puede decir que el pensamiento político y social de Berkeley es origen y destino o, en otras palabras, causa y efecto. Por un lado, sus intereses sociales, que surgieron a la par de los teóricos, sirvieron para construir y apuntalar la doctrina inmaterialista; por otro lado, una vez elaborada dicha doctrina, esta llevaba inexorablemente a las consecuencias prácticas que denunciaba Berkeley, es decir, a sus intereses y preocupaciones sociales y políticos.

III. Finalmente, es importante mencionar que la mayoría de las cuestiones morales y políticas que abordó Berkeley fueron resultado, además de sus preocupaciones filosóficas, de su contexto y de su época. En este sentido, quizá el acontecimiento que más lo definió fue la llamada Revolución Gloriosa (1688) porque dio lugar al empoderamiento en Irlanda de la clase anglicana de origen inglés o Ascendencia protestante, de la que él mismo era miembro. Cuando se habla de la Ascendencia, uno se refiere en el fondo al sistema reinante en la isla desde finales del siglo XVII y durante todo el siglo XVIII[17]. Ese sistema se caracterizó porque los miembros protestantes de la Iglesia de Irlanda ejercieron un control total sobre los asuntos irlandeses, lo que trajo como consecuencia la creación de una nación con dos sociedades distintas: una pequeña clase protestante privilegiada y una mayoría católica oprimida. Paradójicamente, con el paso del tiempo esa política fomentó que muchos jóvenes de la Ascendencia se asumieran irlandeses *de facto*, no sólo *de iure*, y comenzaran a cuestionar su propio sistema social y político. Ese fue el caso de varios polímatas y hombres de letras como Jonathan Swift, Edward Sygne, Samuel Madden, Thomas Prior, Richard Steele y el propio Berkeley, entre muchos otros. Se entiende ahora por qué Kearney sostiene que «difícilmente se podría decir que los escritos de Berkeley se restringieron a temas abstractos. Era el equivalente al comentario de los filósofos contemporáneos más eruditos sobre el actual estado político de Irlanda del Norte»[18].

Es indudable que el hecho de pertenecer a la Ascendencia y de vivir, desde las Leyes de Poyning (1494), en una nación subordinada al Parlamento inglés —lo que se ratificó en 1541 cuando el propio Parlamento irlandés reconoció a Enrique VIII como su monarca— explica por qué el pensamiento social y político de Berkeley, aunque ligado a sus intereses filosóficos, gira en torno a tres grandes cuestiones vinculadas entre sí: la religiosa, la política y la económica[19].

a) La cuestión religiosa

En cuanto a la religión, hubo dos corrientes determinantes en las preocupaciones religiosas del filósofo irlandés: el ateísmo y el movimiento deísta del siglo XVII, con su ramificación en el librepensamiento del siglo XVIII[20]. El deísmo, definido en un diccionario de 1726 como «la creencia de aquellos que, negando toda religión revelada, reconocen sólo la natural»[21], estaba conformado según Berkeley por dos tipos de individuos: los que se preocupaban por buscar una religión pura y los que participaban en disputas por el mero placer de causar controversias teológicas. A estos últimos los denominó en *Alcifrón* deístas de nombre o librepensadores porque sólo profesaban la religión cristiana por prudencia social y para evitar el rechazo de la comunidad y, además, porque en realidad se comportaban como libertinos al trivializar y menospreciar cuestiones tan importantes como la religión y sus artículos de fe. David Berman explica que Berkeley prefirió hablar de filósofos minuciosos en vez de librepensadores, aunque en la práctica utilizó ambos términos como sinónimos, porque la expresión 'librepensador' conllevaba una «fuerza emotiva positiva»[22]. Eso propició, por ejemplo, que alguien como Anthony Collins se sirviera de esa expresión en su *Discourse of Free-thinking* (1713) para denominar a los individuos que, haciendo uso de su razón, criticaban el cristianismo (algo que para Berkeley resultaba inaceptable).

Para el autor de los *Principios*, quien dedica el ensayo «Minute Philosophers» en *The Guardian* y todo el primer diálogo de *Alcifrón* a describir críticamente a los filósofos minuciosos, esos pseudofilósofos habían pasado de ser un número reducido, una secta limitada a las bibliotecas, a convertirse en un fenómeno social con gran presencia en los salones de toda Europa.

Fueron tres los principales motivos que lo llevaron a rechazar a los llamados librepensadores o filósofo minuciosos: 1) porque menospreciaban la religión por considerar que se trataba de una doctrina llena de falsedad, prejuicios, supersticiones y misterios que había que erradicar; 2) porque criticaban al clero por mundano, ambicioso y corrupto y 3) porque erosionaban el papel del Estado al afirmar que utilizaba a los magistrados y a la Iglesia para defender los derechos de nacimiento y con ello conservar el *statu quo,* es decir, mantener el control social y político. Los filósofos minuciosos —tal y como fueron caracterizados por el irlandés— sostenían que estos tres actores: clero e Iglesia (religión) y Estado (políticos y magistrados), se servían del temor y la superstición inculcadas a los niños, como la creencia en la inmortalidad del alma y la existencia de una vida futura de premios y castigos, para hacerlos dóciles y fácilmente manipulables. Resulta evidente que para un miembro activo de la Iglesia de Irlanda, como lo era el autor de *Alcifrón,* esas ideas eran inaceptables, por lo que se entiende su rechazo a ese grupo emergente.

Sin embargo, la cuestión religiosa en Berkeley no debe reducirse a sus críticas teóricas al ateísmo, al deísmo o al librepensamiento, ni tampoco puede entenderse como el resultado inevitable de su fervor religioso. Para comprenderla correctamente hay que tener en cuenta, además de lo anterior, la importancia que tuvo para él la condición de miembro de la Ascendencia protestante, la cual explica, o al menos ayuda a entender, por ejemplo, su actitud parcialmente conciliadora con el catolicismo irlandés. Sobre esto último, si bien es cierto que se mostró favorable a que los católicos fueran admitidos en el Trinity College sin la necesidad de convertirse y sin que fueran obligados a asistir al catecismo o a conferencias de teología anglicana, y que apoyó la cooperación entre iglesias en su parroquia a la par que mantuvo un diálogo con sus compatriotas católicos —basta leer sus *Dos cartas* de 1745 sobre la rebelión jacobita—, también es cierto que asumió esa actitud porque era útil a los intereses del protestantismo irlandés. Esa doble motivación, tanto caritativa como utilitaria, lo llevo a abogar por seguir el ejemplo de los jesuitas de París, quienes «admiten protestantes para estudiar en sus colegios». Al proporcionar educación a los católicos adinerados de Irlanda, por una parte se seguía el evangelio, algo de suma importancia, y por otra se podía «mantener el dinero en el Reino y evitar los prejuicios de una educación extranjera» (*The Querist* 191).

Esta actitud de Berkeley, por momentos ambigua, fue también consecuencia de su contexto, ya que el pensamiento filosófico irlandés de entre 1690 y 1750, elaborado predominantemente por miembros de la Ascendencia protestante con figuras de la talla de John Toland[23], Peter Browne, William King, Francis Hutcheson, Robert Clayton y Edmund Burke, y figuras menores como Edward Synge (padre e hijo), Thomas Emlyn, Henry Dodwell, Philip Skelton y John Ellis, se caracterizó por el «impulso» teológico[24] y por la tendencia contraria a la Ilustración anticlerical y laica. Este pensamiento irlandés, básicamente protestante, buscaba entre otras cosas justificar su estatus de élite gobernante contra las tendencias del libre pensamiento, característico de una parte de la Ilustración, y las simpatías jacobitas de la población católica. Por ejemplo, tanto Swift en *Un argumento contra la abolición del cristianismo (An Argument Against the Abolishing of Christianity,* 1711) como Berkeley consideraron que aceptar la postura de Toland, que propuso en *Christianity not Mysterious* (1696) una religión librepensadora, racional y tolerante (latitudinarismo) que reconciliara todos los credos y comunidades religiosas, conllevaba aceptar el deísmo de la época y permitir el papismo en las islas británicas, lo que significaba perder su posición de clase privilegiada tanto en el ámbito religioso como en el político. Esto fue uno de los motivos, no el único, de por qué Berkeley rechazó en *Alcifrón* la posibilidad de una religión racional o no misteriosa, al estilo de Toland, que excluía los misterios de la fe: «La existencia de un Dios puede probarse claramente y ser objeto propio de la razón humana, mientras que es un intento vano esforzarse por explicar y probar mediante la razón los misterios de su naturaleza y de hecho cualquier cosa que haya de misterio en la religión»[25].

En el fondo, el ataque contra los filósofos irlandeses pro-Ilustración, o mejor dicho pro-librepensamiento, como Toland y Emlyn se debió a que «si la nación ya no creyera en los misterios cristianos ya no habría una justificación teológica sólida para la existencia de *diferentes* religiones cristianas y, por extensión, ninguna razón sólida para defender las Leyes Penales en Irlanda que salvaguardaban los privilegios de la Ascendencia anglicana»[26]. En consecuencia, la postura conservadora de Berkeley en el ámbito religioso, al igual que la de la mayoría de los filósofos de la Ascendencia irlandesa del siglo XVIII, fue motivada no sólo por su fe y por sus convicciones filosóficas, sino también por el miedo a que como clase dominante «el librepensamiento como fuerza tolerante, iluminadora y opositora pudiera socavar insidiosamente el status privilegiado de la Ascendencia. [...] Los anglicanos irlandeses necesitaban los misterios cristianos para dividir, explicar o (como dirían algunos) mistificar»[27].

b) La cuestión política

En tiempos de Berkeley el clima político de Irlanda era incierto porque la isla dependía enteramente de la corona inglesa. Jacobo II, último monarca católico inglés y partidario de otorgar derechos a la isla vecina, había sido derrotado por Guillermo III de Orange en la batalla del Boyne. La reina Ana no tenía heredero y su medio hermano, Jacobo III («el viejo pretendiente»), buscaba recuperar el trono arrebatado a su padre, por lo que la ascendencia protestante vivía en zozobra por la sucesión y preocupada por asegurar su control político y territorial en la isla. Como era de esperarse, este ambiente influyó en que Berkeley, en el ámbito político, hiciera suya la postura conservadora propia de la Ascendencia.

Una vez asumida esa postura política, consideró que las ideas que se propagaban en la época, como la crítica al régimen imperante y a la religión establecida, la fe ciega en la razón propiciada por el secularismo y los crecientes deísmo, ateísmo y librepensamiento reflejaban en conjunto el proceso de deterioro y descristianización de Europa, resultado de la profunda crisis religiosa, política y económica en que encontraba sumido el continente. En este contexto histórico y sociopolítico debe entenderse su crítica a los librepensadores, a quienes censuró por no ser verdaderos filósofos y por no ser auténticos cristianos. Por eso los describió en algunas obras como descendientes de saduceos y de epicúreos[28], y como individuos que sólo aspiraban al bienestar individual y eran incapaces de pensar correctamente, ya que priorizaban lo mundano sin reparar en lo general y profundo de las cosas[29]. Por lo anterior los juzgó incapaces de entender que sólo la religión podía inculcar moralidad a los hombres, que sólo el conocimiento de Dios podía satisfacerlos y que sólo el temor y la esperanza de un castigo o una recompensa futuros podían frenar sus pasiones y conducirlos a la excelencia moral, aspectos determinantes para el buen funcionamiento de una sociedad. Por lo mismo, la defensa de los librepensadores de alcanzar una moral superior, libre de miedos y esperanzas futuras, era para él dañina por sus efectos sociales perniciosos: «El pensamiento de que nuestra existencia termina con esta vida frena naturalmente al alma de cualquier búsqueda generosa, contrae sus miras y las fija en fines temporales y egoístas. Destrona la razón, extingue todos los sentimientos nobles y heroicos y somete la mente a la esclavitud de toda pasión presente»[30].

En relación con esto, al parecer Berkeley siempre tuvo claros algunos de los objetivos que buscó a lo largo de su vida, por ejemplo, 1) quiénes eran en su opinión los adversarios de la sociedad —ya en los *Cuadernos o Comentarios Filosóficos* critica a ateos y escépticos—; 2) cuál era el fin social al que había que aspirar —desde sus primeros escritos deja ver que no era otro que el bienestar de la sociedad a través de la paz civil— y 3) cuál era el papel que debía cumplir la religión para conseguir ese fin (debía inculcar la creencia en la vida después de la muerte y limitar el egoísmo natural de los hombres a través de la enseñanza).

Estos tres objetivos fueron pilares en su proyecto práctico-político y dieron paso, hacia el final de su vida, a la figu-

ra del patriota, que representaba en cierta medida —siguiendo a Charles— la culminación de su ideal de individuo
en sociedad: «Un patriota es aquel que desea sinceramente
la prosperidad pública, y no sólo desea, sino también estudia y se esfuerza por promoverla»[31]. El verdadero patriota
—indica Charles— es a la vez filósofo y cristiano y es consciente de que forma parte de un todo al que subordina su
interés particular. Es filósofo porque aspira al bienestar general de la humanidad, porque actúa por deber y conciencia siguiendo las enseñanzas de la razón y porque tiene una
conducta moderada, haciendo del término medio el lugar
de la excelencia. Es cristiano porque ve a sus compatriotas
como criaturas de Dios y porque sabe que un día será responsable de sus actos hacia ellos[32]. Esta concepción del patriota, totalmente opuesta a la del librepensador, explica
por qué Berkeley pretendió inculcar el patriotismo como
una virtud necesaria. Con ella podría contrarrestar el indi-
vidualismo imperante y simultáneamente pugnar por el
bien común.

Berkeley no sólo se mostró crítico con la situación del
momento, más aún, asumió que se debía refundar el orden
social y para ello había que reforzar los vínculos entre política y religión. Tenía claro que muchas creencias religiosas
de la sociedad eran útiles para la comunidad y por lo mismo no podían quedar en el ámbito privado, sino que, por
ser de interés general, debían permanecer en el ámbito público[33]. Por ejemplo, la esperanza y el miedo en una vida
futura eran garantes de las virtudes civiles y de la paz social, algo que la política por sí sola no podía garantizar. Poseer un alma inmortal era esencial para mantener el orden
establecido, porque ayudaba a asegurar la felicidad pública

y la prosperidad. Tener una conciencia frenaba la perpetración de acciones deleznables para la sociedad. La existencia de un Dios vengador y benevolente era el fundamento de la vida en sociedad, al inculcar el amor al bien público y el desinterés. Todas estas virtudes y creencias cumplían una función social, por lo que debían ser defendidas por la religión pero también por el poder político. Por eso la política (Estado) y la religión (Iglesia) debían ir de la mano y ayudarse mutuamente, porque mientras esta atacaba los vicios privados inculcando nociones saludables, fomentando la virtud civil y ordenando a los súbditos la obediencia pasiva a las autoridades en turno, aquella, es decir, la política, velaba por el comportamiento y el orden público sirviéndose entre otros de los magistrados y eso requería que desde el poder se permitiera el florecimiento de dichas creencias y, sobre todo, se fomentara su conservación[34]:

> La obediencia a todo poder civil está arraigada en el miedo religioso de Dios: es propagada, preservada y alimentada por la religión. Esta hace a los hombres obedecer, no porque los vigilen, sino por una sinceridad de corazón. Las consideraciones humanas pueden contener a los hombres de cometer delitos públicos o penales, pero el miedo de Dios es una restricción contra todos los grados de crímenes, sin importar su circunstancia. Aleja este soporte y sostén de obligación, esta raíz de la autoridad civil, y todo lo que fue sostenido o cultivado por ella pronto languidecerá[35].

La relación entre política y religión —pensaba Berkeley— posibilitaba la sociedad política en la medida en que la naturaleza de lo político y de lo social requería de un fundamento metafísico que sólo la religión podía proporcionar. Más aún, el obispo de Cloyne tenía claro que esa mutua colaboración fue lo que sacó al individuo del estado de naturaleza y permitió que la paz civil enmarcara la unión de los ciudadanos.

Una cuestión central para el buen desarrollo de la vida política, y en general para la filosofía práctica de Berkeley, era la educación. Para el irlandés sólo con una buena educación cristiana se podía fundar una sociedad civil estable, armoniosa y duradera, algo que transmitió en su sermón de 1732[36] tras volver de su fallido proyecto en las islas Bermudas, donde quiso educar en la fe a los indígenas americanos y a los hijos de los colonos; sin embargo, era consciente de que para llevar a cabo esa educación o instrucción práctica se requería inculcar en los niños prejuicios o nociones a temprana edad. Sabía que por eso mismo no era posible que racionalizaran e hicieran suyas esas nociones, pero a pesar de ello tenía claro que eran indispensables para las obligaciones sociales, morales y civiles, esto es, para la vida en sociedad, ya que tales prejuicios eran «el freno más fuerte contra el vicio y el incentivo más eficaz para la conducta honorable»[37].

c) La cuestión económica

Además de los asuntos religiosos y políticos, Berkeley se ocupó también de los económicos, porque al igual que los otros dos estos exigían reformas. Pensaba que la economía inglesa de su tiempo se había olvidado del interés general y se centraba cada vez más en el privado, el de unos cuantos, debido a que se estaba convirtiendo en una economía especulativa que fomentaba la ociosidad y exaltaba el lujo frente a la frugalidad y la industria. A los ojos de Berkeley, la decadencia se agudizó con la quiebra de la South Sea Company o Compañía del Mar del Sur en 1720, porque dio lugar a una crisis financiera sin precedentes y a la profundización de las desigualdades sociales[38]. Ese acontecimiento fue decisivo para que el filósofo inmaterialista sumara a sus intereses políticos y sociales la reflexión sobre temas económicos y financieros, los cuales lo llevaron a plantear en *The Querist* (1735-1737), y a reiterar en *A Plan or Sketch of a National Bank* (1737) y en *The Irish Patriot or Queries upon Queries* (1738) la innovadora propuesta de establecer un banco nacional en Irlanda para revertir los males económicos del país.

Su propuesta se inscribe en el contexto de la fundación del banco de Inglaterra en 1694, que fue el primero en emitir papel moneda y que se creó con los objetivos de crear una deuda nacional, de defender los intereses comerciales ingleses y de expandir el comercio. Siguiendo el modelo inglés, Berkeley vio en la creación de un banco nacional de Irlanda la oportunidad de crear riqueza en la isla. Para ello era necesario reformar su economía, sujeta por sus condiciones políticas a la corona inglesa, mediante la impresión de papel moneda; también se percató de que crear un banco era benéfico porque posibilitaba transferir acuerdos privados, incluso deuda privada, al sector público, es decir, creando una institución pública de la naturaleza de un banco, el gobierno irlandés podía controlar mejor la circulación de dinero y, lo que era más importante en términos sociales y morales, podía evitar disputas entre particulares, demandas judiciales e incluso ejecuciones extrajudiciales por falta de pago. En consecuencia, la creación de un banco nacional brindaba una serie de beneficios para Irlanda que comenzaban en lo económico, pero que se extendían a muchos otros ámbitos de la vida.

Desafortunadamente, el proyecto del banco nacional no tuvo éxito y nunca se realizó en tiempos de Berkeley. Entre otras cosas el fracaso del plan se debió a que el entonces obispo se limitó a mantener correspondencia con unos cuantos colegas de confianza y a cabildear con algunos miembros de ambas cámaras[39] sobre el asunto, pero extrañamente —teniendo en cuenta su tesón, aunque quizá tenía claro que no había manera de tener éxito[40]— nunca presentó su propuesta del banco en un paquete legislativo para que fuera discutida en el pleno. Pese a no prosperar su plan, la idea de crear un banco es también un ejemplo de cómo los jóvenes de la Ascendencia protestante se reconocieron ascendentes y a la vez irlandeses, no ya colonos ingleses en suelo irlandés. A pesar de ese sentimiento de pertenencia, la innovadora propuesta económica de Berkeley no iba acompañada de la defensa de un igualitarismo radical, es decir, aunque el proyecto de un banco nacional buscaba mejorar las condiciones de vida de todos los irlandeses sin distinción, algunos comentarios indican que el autor de los *Principios* asumió también en lo económico una postura favorable al bando protestante.

Los principales indicios de lo anterior se leen en el escrito *Primary Visitation Charge* (1734), que básicamente brinda una serie de consejos para convertir católicos al protestantismo, y *Una advertencia o exhortación* (1749), en donde les sugiere a los miembros de la Iglesia católica de Irlanda incidir más en la mente de sus feligreses para combatir su «antipatía hacia el trabajo» y vencer su «pereza hereditaria innata»[41]. A pesar de que en este escrito reconoce que hay dificultades para mejorar la situación existente, como la exclusión de los católicos de los empleos civiles y la frecuente severidad de los dueños y propietarios ingleses hacia ellos, insiste en que las leyes penales imperantes no deben servir de pretexto para que los católicos más humildes no alcancen una cierta prosperidad. Considera que el obstáculo más importante para ello es la pereza de los católicos irlandeses nativos, por lo que el remedio contra la pobreza no depende solamente del gobierno de la Ascendencia, sino también de la participación entusiasta del clero católico. Otro indicio para reconocer esa distinción entre católicos y protestantes que consciente o inconscientemente asumió Berkeley es a través del lenguaje. Es interesante advertir que cuando se refiere a los irlandeses de la Ascendencia usa la expresión «We Irish», mientras que cuando habla de la comunidad católica utiliza expresiones como «original Irish», «natural Irish» o «our poor Irish»[42].

Es importante recordar que el interés económico de Berkeley no se limitó a las aportaciones intelectuales, como redactar una serie de preguntas en *The Querist* o idear el proyecto de un banco nacional; su contribución también fue práctica porque propuso soluciones concretas e inclusivas con el propósito de que la isla, asolada por la pobreza y la inactividad, pudiera cambiar de rumbo. Al respecto, es justo decir que en su diócesis de Cloyne quiso inculcar en sus conciudadanos la imagen de una sociedad trabajadora y pacífica donde la tolerancia religiosa fuera de la mano con el desarrollo económico, para lo cual impulsó el cultivo de cáñamo y lino, la apertura de una escuela de hilado en la que los niños podían recibir un salario, la construcción de talleres para darle trabajo a los irlandeses y para que los vagabundos pudieran asentarse y cambiar de vida, etc.[43]. Berkeley fue consciente de que la economía especulativa debía ser combativa tanto por razones morales como por económicas y que la única forma de hacerlo era planteando proyectos que favorecieran el trabajo, el modo de vida frugal y la adopción de leyes suntuarias.

Conclusiones

A lo largo de su vida, Berkeley se sirvió de todos los medios a su alcance para restablecer los valores cristianos que veía perderse aceleradamente en la Europa de su tiempo y en particular en Inglaterra y en Irlanda. Para contrarrestar esa decadencia se dio a la tarea de elaborar su propuesta inmaterialista, la cual, aunque se vislumbra en los *Comentarios* y tiene como antecedente la teoría de la visión, se desarrolla en los *Principios* y en los *Diálogos*. Esta primera etapa representa la faceta teórica de un proyecto eminentemente práctico, consistente en combatir las posturas ateas, escépticas y materialistas. Inicialmente, en los *Comentarios,* identificó esas posturas con el epicureísmo clásico y sus seguidores modernos, y con filósofos como Spinoza, Hobbes o Vannini; sin embargo, tiempo después vio en los librepensadores a pseudofilósofos que amalgamaban esas ideas y las transmitían alegremente con consecuencias perniciosas para la sociedad, y no sólo en el ámbito religioso. Este es el trasfondo para entender correctamente la filosofía de Berkeley y para tener claro que su inmaterialismo, tan comentado entre los estudiosos, fue una estrategia que formó parte de un proyecto más amplio, uno que fue humanista, ilustrado y cristiano a la vez, y esto último porque asumía que el cristianismo, más allá de la verdad de su mensaje, era socialmente útil y necesario para hacer más justa y humana la sociedad.

Las siete obras que se presentan en este volumen, traducidas por primera vez al español, buscan restituir la parte práctica, en concreto la social y política, de la filosofía de Berkeley. Con esto se pretende dar a estos textos el lugar que merecen dentro del proyecto filosófico-vital del irlandés, pero sobre todo se espera que dicho proyecto —teniendo en cuenta sus méritos, alcances y contradicciones— sea comprendido cabalmente y en toda su complejidad por el lector de habla hispana. La traducción de estas obras era una necesidad imperante para poder dar a conocer esa parte práctica hasta ahora olvidada. El acceso a estos escritos en lengua española ayudará a la comunidad filosófica hispana a establecer la relación entre las ideas sociopolíticas y los postulados metafísicos y epistemológicos de Berkeley, y a entender al filósofo irlandés como una figura más compleja de lo que se ha creído, pues fue un pensador polifacético preocupado, entre otra cosas, por su tiempo y sociedad. Esto reforzará sin duda su papel central dentro de la filosofía moderna y en la historia de la filosofía.

Cabe mencionar que el proyecto de restituir la parte práctica de Berkeley contempla la futura traducción de otras tres obras sobre cuestiones económicas. Con ello se traduciría por primera vez al español todo el volumen sexto de las obras completas y se presentaría prácticamente en su totalidad la faceta práctica, tanto la social y política como la económica, del filósofo George Berkeley.

Por último, conviene advertir al lector que el presente volumen traduce obras de la primera mitad del siglo XVIII, escritas bajo formas de pensar muy distintas a las nuestras. Por lo mismo, algunas expresiones podrían resultar ofensivas y censurables en la actualidad. Sin embargo, considero que es importante no juzgar la obra ni al filósofo anacrónicamente, esto es, bajo normas y categorías ajenas y distantes a su contexto y época.

Alberto Luis López

Bibliografía

Ediciones de las obras de Berkeley

BERKELEY, George, *The Works of George Berkeley, Bishop of Cloyne*, 9 vols., A. A. Luce y T. E. Jessop (eds.), Londres y Edimburgo: Nelson & Sons Ltd., 1948-1957. Hasta la fecha es la edición más utilizada y completa de las obras de Berkeley.

—, *Philosophical Works, Including the Works on Vision*, M. Ayers (ed.), Londres: Dent, 1975. Es la edición en un volumen más usada y valorada.

—, *The Works of George Berkeley*, 4 vols., A. C. Fraser (ed.), Oxford: Clarendon, 1901. Fue la edición canónica hasta que apareció la de Luce y Jessop.

—, *The Correspondence of George Berkeley*, Marc A. Hight (ed.), Nueva York: Cambridge University Press, 2013.

—, *De Motu and the Analyst: A Modern Edition, with Introductions and Commentary*, Douglas M. Jesseph (ed.), Londres: Kluwer Academic Publishers, The New Synthese Historical Library vol. 41, 1992.

—, *George Berkeley's Manuscript Introduction*, Belfrage Bertil (ed.). Doxa, Oxford, 1987.

—, *Oeuvres Philosophiques*, 2 vols., G. Brykman, D. Berlioz-Letellier, M. y J.-M. Beyssade, M. Blay, L. Déchery, M. Phillips (eds.), París: P.U.F. Epiméthée, 1985.

—, *Opere filosofiche*, Silvia Parigi (ed.), Torino: UTET, 1996 (reedición en Milán: Mondadori, 2009).

Traducciones al español de algunas obras de Berkeley

BERKELEY, George, *Alcifrón: o el filósofo minucioso*, Traducción de Pablo García Castillo, Madrid: Ediciones Paulinas, 1978.

—, *Berkeley*, Madrid: Gredos, Biblioteca de Grandes Pensadores, 2013.

—, *Comentarios filosóficos. Introducción Manuscrita a los Principios del conocimiento humano. Correspondencia con Johnson*, Traducción y edición de José A. Robles, México: UNAM-IIF's, 1989.

—, *Ensayo de una nueva teoría de la visión*, Traducción y Prólogo de Manuel Fuentes Benot, Buenos Aires: Aguilar, 1965.

—, *Los escritos matemáticos de George Berkeley y la polémica sobre el analista*, Selección, traducción, introducción y notas de José A. Robles, México: UNAM-IIF's, 2006.

—, *Tratado sobre los principios del conocimiento humano*, Traducción, prólogo y notas de Carlos Mellizo, Alianza Editorial: Madrid, 1992.

—, *Tratado sobre los principios del conocimiento humano*, Traducción, introducción y notas de Concha Cogolludo, Madrid: Gredos, 2003.

—, *Tres diálogos entre Hylas y Filonús*, Traducción y edición de Gerardo López Sastre, Madrid: Austral, 1996.

—, *Siris*, traducción, introducción y notas de Jorge L. Martin, Buenos Aires: Miño y Davila 2009.

Artículos y estudios sobre la obra social y política de Berkeley

AIRAKSINEN, Timo, «Berkeley's Passive Obedience: Positive and Negative Norms», *History of European Ideas* 48, 1, 2021, pp. 1-12.

AIRAKSINEN, Timo y Heta Gylling, «A threat like no other threat, George Berkeley against the freethinkers», *History of European Ideas* 43, 6, 2017, pp. 598-613.

BELFRAGE, Bertil, «Notes by Berkeley on Moral Philosophy», *Berkeley Newsletter* 2, 1978, pp. 4-5.

—, «The Bond of Society: Berkeley's theory of Social Reality», *Berkeley Newsletter* 3, 1979, pp. 16-19.

—, «The Newport Extract of Berkeley's Passive Obedience», *Berkeley Newsletter* 5, 1981, pp. 6-11.

—, R. Brook (eds.), *The Bloomsbury Companion to Berkeley*, Londres: Bloomsbury Academic, 2017.

BERMAN, David, «The Jacobitism of Berkeley's Passive Obedience», *Journal of the History of Ideas* 47, 1986, pp. 309-319.

—, «Berkeley's Siris and the 'Whiskey Patriots'», *Eighteenth-Century Ireland* 1, 1986, pp. 200-203.

—, *George Berkeley. Idealism and the man*, Oxford: Clarendon Press, 1996.

—, *Berkeley and Irish Philosophy*, Londres: Continuum, 2005.

—, «The Distrustful Philosopher: Berkeley between the Devils and the Deep Blue Sea of Faith», en S. Parigi (ed.), *George Berkeley: Religion and Science in the Age of Enlightenment*, Dordrecht: Springer, 2010, pp. 141-57.

BERTINI, Daniele, «Shaftesbury, Mandeville, Berkeley e il mito del contratto sociale», *Fenomenologia e Società* 29, 2006, pp. 128-45.

—, «La critica berkeleiana dell'autonomia morale», en Jaffro, Brykman, Schwartz (eds.), *Berkeley's Alciphron: English text and essays in interpretation*, Hildesheim, N. Y.; Georg Olms Verlag, 2010, pp. 309-318.

BRADATAN, Costica, *The Other Bishop Berkeley. An Excercise in Reenchantment*, Nueva York: Fordham UP, 2006.

BREUNINGER, Scott, «Planting an Asylum for Religion: Berkeley's Bermuda Scheme and the Transmission of Virtue in the Eighteenth-Century Atlantic World», *Journal of Religious History* 34, 2010, pp. 414-429.

—, «Rationality and Revolution: Rereading Berkeley's Sermons on Passive Obedience», *New Hibernia Review* 12, 2008, pp. 63-86.

—, *Recovering Bishop Berkeley: Virtue and Society in the Anglo-Irish Context*, Nueva York: Palgrave Macmillan, 2010.

BROAD, Charlie D., «Berkeley's theory of morals», *Revue Internationale de Philosophie* 23, 24, 1953, pp. 72-86.

BRYKMAN, Génevieve, «On Human Liberty in Berkeley's Alciphron VII», en Daniel, Stephen (ed.), *New Interpretations of Berkeley's Thought*, Amherst, N. Y.: Humanity Books, 2007, pp. 231-246.

CAFFENTZIS, George, «The failure of Berkeley's bank: money and libertinism in eighteenth-century Ireland», en Daniel Carey y Christopher J. Finley (eds.), *The Empire of Credit: The Financial Revolution in Britain, Ireland and America, 1688-1815*, Dublin: Irish Academic Press, 2011, pp. 229-248.

—, «Libertinism and the Crisis of the Anglo-Irish Ascendancy», en *Exciting the Industry of Mankind George Berkeley's Philosophy of Money* (International Archives of the History of Ideas 170), Dordrecht: Springer-Science, 2000.

CAMPBELL Ross, Ian, «Was Berkeley a Jacobite? Passive Obedience Revisited», *Eighteenth-Century Ireland* 20, 2005, pp. 17-30.

CHARLES, Sébastien, «Berkeley polémiste: des Sérmons sur l'obéissance passive (1712) aux Maximes sur le patriotisme (1750)», *The European Legacy* 13, 2008, pp. 413-24.

—, «La crítica berkeleyana al librepensamiento: del inmaterialismo militante al idealismo reflexivo», en *Filosofía natural y lenguaje: homenaje a José Antonio Robles*, A. Velázquez y L. Toledo (eds.), México: IIF's-UNAM, 2009, pp. 105-114.

—, (ed.), *Scepticism in the Eighteenth Century: Enlightenment, Lumières, Aufklärung*, Dordrecht: Springer, 2013.

—, (ed.), *Berkeley's Moral and Social Philosophy*, Oxford: Oxford (Voltaire Foundation), 2015.

CHEN, Alvin, «George Berkeley on Enlightenment and Commercial Society». *History of Political Thought* 40, 4, 2019, pp. 676-98.

CLARK, Stephen R. L., *Money, Obedience, and Affection: Essays on Berkeley's Moral and Political Thought*, Nueva York: Garland, 1989.

CONROY, Graham P., «George Berkeley and the Jacobite Heresy: Some Comments on Irish Augustan Politics», *Albion: A Quarterly Journal Concerned with British Studies* 3, 2, 1971, pp. 82-91.

DANIEL, Stephen, «Berkeley and Hobbes», en *George Berkeley and Early Modern Philosophy*, Nueva York: Oxford University Press, 2021, pp. 104-121.

DARWALL, Stephen, «Berkeley's Moral and Political Philosophy», en Winkler, K. (ed.), *The Cambridge Companion to Berkeley*, Cambridge: Cambridge University Press, 2005, pp. 311-338.

DÉGREMONT, Roselyne, «Le principe de la morale», en *Revue Philosophique de la France et de l'Étranger* 135, 2010, pp. 45-56.

DUDDY, Thomas, *A History of Irish Thought*, Londres-Nueva York: Routledge, 2002.

ECCLESHALL, Robert, *Political Thought in Ireland Since the Seventeenth Century*, Nueva York: Routledge, 1993.

FABRICANT, Carole, «George Berkeley the Islander: Some Reflections on Utopia, Race, and Tar-Water», en *The Global Eighteenth Century*, Felicity Nussbaum (ed.), Baltimore, MD: Johns Hopkins, 2003, pp. 263-278.

FLAGE, Daniel, *Berkeley*, Cambridge: Polity Press, 2014.

GAUKROGER, Stephen y Gaustad, Edwin S., «George Berkeley and the New World Community», *Church History* 48, 1979, pp. 5-17.

HALL, Richard A. S., «Did Berkeley Influence Edwards: Their Common Critique of the Moral Sense Theory», en *Jonathan Edwards's Writings*, Stephen J. Stein (ed.), Bloomington: Indiana University Press, 1996, pp. 100-121.

HARRIS, James A., «Berkeley on the Inward Evidence of Freedom», en Jaffro, Brykman, Schwartz, (eds.), *Berkeley's Alciphron: English text and essays in interpretation*, Hildesheim, N. Y.: Georg Olms Verlag, 2010, pp. 341-350.

HÄYRY, Matti, «Passive Obedience and Berkeley's Moral Philosophy», *Berkeley Studies* 23, 2012, pp. 3-14.

—, «Obedience to Rules and Berkeley's Theological Utilitarianism», *Utilitas* 6, 1994, pp. 233-242.

JAFFRO, Laurent, «La paideia selon Berkeley et Shaftesbury. Un conflit dans la conception thérapeutique de la philosophie», en *La philosophie comme médecine de l'âme à l'âge classique*, G. Brykman (dir.), *Le Temps philosophique* (Université Paris X-Nanterre) 9, 2003, pp. 147-173.

—, «Education moderne et tradition antique selon Berkeley», en *Berkeley's Alciphron*, L. Jaffro, G. Brykman, C. Schwartz (eds.), Hildesheim: Georg Olms Verlag, Europaea Memoria, 2010, 277-286.

JAKAPI, Roomet, «Was Berkeley an Utilitarian?», en *Human Nature as the Basis of Morality and Society in Early Modern Philosophy*, Lemetti, Juhana y Eva Piirimäe (eds.), Helsinki: Philosophy Society of Finland, 2007, pp. 51-68.

JONES, Tom, *George Berkeley: A Philosophical Life*, Princeton NJ: Princeton University Press, 2021.

KEARNEY, Richard, «Berkeley and the Irish Mind», *Études irlandaises* 11, 1986, pp. 27-43.

KELLY, Patrick, «'Industry and Virtue versus Luxury and Corruption': Berkeley, Walpole, and the South Sea Bubble Crisis», *Eighteenth Century Ireland* 7, 1992, pp. 57–74.

KENDRICK, Nancy, «Berkeley on Political Obligation», en Rickless, Samuel (ed.), *The Oxford Handbook of Berkeley*, Oxford: Oxford University Press, 2021, pp.

LEARY, David E., «Berkeley's Social Theory: Context and Development», *Journal of the History of Ideas* 38, 4, 1977, pp. 635-649.

LIVESEY, James, «Berkeley, Ireland and Eighteenth-Century Intellectual History», *Modern Intellectual History*, 12, 2015, pp. 453-473.

LUIS LÓPEZ, Alberto, «Berkeley: sobre la autoridad civil y el Estado secular», *Bajo palabra Revista de filosofía* 2, 22, 2019, pp. 131-146.

MADANES, Leiser, «Las preocupaciones políticas de Berkeley», en *Filosofía natural y lenguaje: homenaje a José Antonio Robles*, A. Velázquez y L. Toledo (eds.), México: IIF's-UNAM, 2009, pp. 67-104.

OLSCAMP, Paul J., *The moral philosophy of George Berkeley*, La Haya: Martinus Nijhoff, 1970.

—, *Some Suggestions about the Moral Philosophy of George Berkeley*, Baltimore: Johns Hopkins University Press, 2008.

RICKLESS, Samuel, «The Nature, Grounds, and Limits of Berkeley's Argument for Passive Obedience», *Berkeley Studies* 26, 2017, pp. 3-19.

SULLIVAN, Thomas D., «Berkeley's Moral Philosophy», *Philosophical Studies* 19, 1970, pp. 193-201.

SZYMAŃSKA-LEWOSZEWSKA, Marta. «Unity, Diversity, and Order: National Religion in Berkeley's Works 1735-1752», *Berkeley Studies* 27, 2018, pp. 3-18.

WARNOCK, Geoffrey, «On Passive Obedience», *History of European Ideas* 7, 1986, pp. 555-562.

Sobre esta edición

Berkeley se expresa en un inglés relativamente claro que evita tecnicismos innecesarios y argumentos rebuscados. No obstante, su uso de la lengua inglesa es el propio de la época y algunos de sus textos, sobre todo *Obediencia pasiva*, podrían ser considerados un tanto barrocos. Los principales problemas a los que me enfrenté en la traducción, teniendo en cuenta que estas obras se traducen por primera vez al español y que salvo en dos casos —hasta donde tengo noticia— no hay traducciones en lenguas romances que sirvan de apoyo, fueron cuatro: 1) el estilo, 2) la puntuación, 3) las palabras que vienen del latín y 4) la literalidad.

1) El primer problema consistió en qué tanto respetar el estilo del autor, porque al hacerlo el texto se alejaba del lector contemporáneo. Decidí respetar el estilo original por ser algo distintivo de Berkeley y porque es el que se empleaba en los textos británicos de la primera mitad del siglo XVIII; sin embargo, allí donde el estilo añadía dificultad

innecesaria al texto, opté por adaptarlo a una versión más afín a nuestro idioma y época.

2) El segundo problema fue el de hasta qué punto apegarse a los signos de puntuación originales, ya que la edición de Luce y Jessop respeta la puntuación original del siglo XVIII. Conservar íntegras las comas y los puntos y coma no ayudaba a la comprensión de los textos, máxime porque en algunos casos las oraciones subordinadas son tan largas que vuelven casi ininteligible la oración completa. Por ello, siempre que fue necesario adapté las comas y los puntos y coma a las reglas actuales de la gramática española, para darle mayor fluidez y coherencia al texto. En cuanto a los puntos, decidí respetarlos íntegramente.

3) Sobre el tercer problema, el asunto que se presentó fue intentar respetar hasta donde era posible el significado de las palabras inglesas cuyo origen es el latín y que, por eso mismo, también existen en español. En los casos en los que emplear la palabra equivalente en una lengua y en la otra dificulta la comprensión, recurrí a segundas acepciones que hacen más fácil y comprensible el sentido del escrito.

4) El cuarto problema consistió en qué tanto seguir la literalidad de las palabras a pesar de que podía conllevar alejarse del sentido original. Preferí ser fiel al sentido original, aunque eso implicó alejarme por momentos de una traducción más literal y tener que emprender la búsqueda exhaustiva de acepciones distintas a las inmediatas y más convencionales. Un ejemplo es el título del texto *A Word to the Wise*. De haberlo traducido literalmente, el título hubiera sido *Una palabra a los sabios,* como ha sido traducido al francés por algunos comentaristas, pero hubiera

implicado perder de vista que Berkeley utilizó una expresión antigua, aún vigente, que sugiere la acción de advertir o aconsejar.

Las siete obras que se presentan al lector son tomadas del volumen sexto (1953) de *The Works of George Berkeley, Bishop of Cloyne,* 9 vols., A. A. Luce y T. E. Jessop (editores), Londres y Edimburgo: Nelson & Sons Ltd., 1948-57, que continúa siendo la edición completa más utilizada por los especialistas. Todas las obras traducidas fueron cotejadas con ediciones previas a la de Luce y Jessop, principalmente con la edición de Fraser pero también con ediciones originales del siglo XVIII digitalizadas y de libre acceso. En el caso de *Obediencia pasiva,* la edición francesa de Didier Deleule (París: Vrin, 2.ª ed., 2002) fue de mucha ayuda para comprender algunos pasajes oscuros. Lo mismo sucedió con la traducción inédita al francés del *Discurso a los magistrados* de Sébastien Charles, a quien le agradezco que me la haya compartido.

Salvo que se indique lo contrario, todas las referencias a las obras de Berkeley se citan de la edición de Luce y Jessop. Además, en la traducción se añaden números al margen que corresponden a la paginación de la edición de Luce y Jessop. Las notas se presentan al final, indicando si son del propio Berkeley *(N. del A.)* o mías *(N. del T.).*

Finalmente, agradezco entre otros a Sébastien Charles, Benjamin Hill, Carmen Silva, Luis Antonio Velasco y Valente Vázquez por la lectura preliminar de algunos textos, sus comentarios fueron de mucha ayuda. Un especial agradecimiento a los departamentos de Filosofía de las universidades de Québec en Trois-Rivières, de Western Ontario y de Ottawa, a Leonel Toledo por la lectura detallada de la traducción preliminar de *Obediencia pasiva* y a mi esposa y colega Camino Aparicio, cuya lectura completa del volumen mejoró la edición final. Esta traducción se la dedico a mis padres, Alberto Luis Sánchez y Elvira López Rodríguez, *In memoriam*.

Obediencia pasiva

Introducción

Los discursos sobre la obediencia pasiva se conforman de tres alocuciones pronunciadas por Berkeley para los estudiantes del Trinity College de Dublín en 1711 y publicadas un año después bajo el título de *Discourse on Passive Obedience*.

El contexto de la obra es la lucha entre los partidarios y los detractores del monarca católico Jacobo II, rey de Inglaterra, Irlanda y Escocia de 1685 a 1688, quienes pusieron nuevamente en el centro del debate —como había sucedido en el interregno de Cromwell— cuestiones como el cumplimiento de la ley y el respeto irrestricto a la autoridad política. Berkeley, quien por ser irlandés vivió en carne propia las consecuencias de estas disputas, se sumó al interés por este debate; más aún porque tras pronunciar sus discursos se rumoreó, sin demasiada evidencia, que tenía simpatía por la causa jacobita. No es claro si esto fue cierto o no[1], pero de lo que sí se tiene evidencia es que para disipar cualquier sospecha sobre su supuesta filiación al movimiento jacobita publicó sus tres discursos juntos, asegurándose así de que su posición al respecto fuera más clara. En el mismo sentido, años más tarde publicó dos cartas contra la segunda rebelión jacobita de 1745 y financió una tropa contra las guerrillas jacobitas, tal y como le relató a su amigo Isaac Gervais[2].

La doctrina de la obediencia pasiva —en el ámbito británico— no surgió en época de Berkeley; ya se discutía durante la reforma protestante del siglo XVI y muchos de los argumentos planteados en ese entonces fueron retomados un siglo después debido a la reinstauración de la monarquía en 1660. El tema, por tanto, no era desconocido. En cuanto a la doctrina como tal, esta desempeñó un papel importante en las disputas políticas, teológicas y, sobre todo, en las que acompañaron la caída de la casa de los Estuardo tras la muerte de la reina Ana, ya que, por ejemplo, mientras los partidarios whigs lucharon contra ella por considerarla una doctrina contraria al gobierno constitucional, los tories se sirvieron de ella en diversas ocasiones, primero para apoyar la sucesión del rey Jacobo I y después para declarar su lealtad a Guillermo de Orange y a María. Finalmente, tras la experiencia sufrida con Jacobo II, y cuando la doctrina dejó de servir a sus intereses, la relegaron hasta quedar en el olvido.

Los debates sobre la obediencia pasiva dieron como resultado diversas publicaciones que fueron determinantes para el interés de Berkeley en la materia. Entre ellas destacan *Galatervorlesung* (1531) de Martín Lutero y *Of the Laws of Ecclesiastical Polity* (1594) de Richard Hooker, ambas del periodo de la reforma protestante. En el siglo XVII aparecieron obras como *Patriarcha, or the Natural Powers of Kings* (1680) de Robert Filmer; el sermón de George Hickes titulado *A Discourse of the Soveraign Power* y pronunciado el 28 de noviembre de 1682 en la iglesia londinense St. Mary Le Bow y *The doctrine of non-resistance or Passive Obedience* (1689), de Edmund Bohun. También se publicó *The History of Passive Obedience since the Reformation* (1689) de Abednego Seller; *The case of the allegiance due to sovereign power* (1691) de William Sherlock, y *Discourse concerning submission to divine Providence* (1693) de John Norris. A principios del siglo XVIII aparecieron textos que influyeron directamente en Berkeley como *View of the English Constitution* (1709), de William Higden, y el famoso sermón de Henry Sacheverell del 5 de noviembre de 1709 pronunciado en la catedral de St. Paul de Londres.

Desde la publicación de los *Principios del conocimiento humano* en 1710, es decir, dos años antes de la *Obediencia pasiva,* Berkeley argumentó que las leyes de la naturaleza habían sido establecidas por la providencia divina para beneficio del género humano, porque al ser regularidades que podían ser aprendidas posibilitaban su supervivencia. En este marco se inscribe su naturalismo político, es decir, la tesis que planteó en 1712 de que la fundación de una sociedad o comunidad política es fruto de una disposición natural de la especie humana y, por tanto, es universal. Dicha comunidad presuponía un contrato o acuerdo y la existencia de un tipo de autoridad a la que había que someterse. Si la vida en sociedad permitía un mayor bienestar, la obediencia a la autoridad o poder gobernante se convertía en una ley de la naturaleza y por lo mismo en un deber moral, esto es, en un precepto inviolable que la razón imponía a cada individuo, lo que traía como resultado que vivir bajo el mando de la razón implicaba aceptar someterse y no socavar a las autoridades vigentes. En consecuencia, Berkeley opinaba que se debía rechazar cualquier idea de rebelión por ser un acto antinatural que minaba los cimientos de las sociedades humanas y su existencia misma. Para desarrollar su tesis tomó como punto de partida la frase de Romanos XIII, 2: «Quien resiste al poder, resiste la ordenanza de Dios», con la que advirtió que la rebelión era una «violación de la ley de la naturaleza» [§ 3]. Así, suscribió la tradición paulina de la obediencia pasiva, que predicaba la obediencia al poder constituido porque su establecimiento era el signo de su elección divina, para rechazar cualquier desviación o ruptura del contrato social instituido en una comunidad política.

Al igual que los autores que le precedieron, por 'obediencia pasiva' Berkeley entendía un mandato o precepto moral negativo que implicaba el deber de abstenerse de hacer lo que prohibían las leyes y, en caso de hacerlo, aceptar sin resistencia el castigo correspondiente [§ 3]. Contrario a ella, la 'obediencia activa' admitía la prudencia [§ 26] y el libre albedrío de los súbditos al aceptar que cada uno decidiera cuándo actuar, por lo que abría la posibilidad a la acción y a que se admitieran excepciones o hubiera gradaciones en los preceptos morales. La obediencia pasiva buscaba evitar esto al no aceptar acción alguna, no dejar lugar a la prudencia (posibilidad de elección) y no admitir excepciones a las reglas morales, lo que garantizaba que no se actuara contra las leyes civiles ni tampoco contra las leyes de la naturaleza, estas últimas fundamento de las primeras [§ 4, 7, 12, 26].

Para Berkeley no había ninguna base legal para la revuelta popular ni ningún derecho de resistencia colectiva al poder del soberano, por eso la obediencia era incondicional. Cualquier individuo que se propusiera arruinar el contrato social, independientemente de las razones que alegara para hacerlo, debía ser perseguido: «El menor grado de rebelión es, con la mayor rigurosidad y propiedad, un pecado: no solamente para los cristianos, sino también para aquellos que tienen la luz de la razón como su única guía» [§16]. Incluso, debía ser perseguido aunque su desobediencia fuera resultado de oponerse a una tiranía, porque, aunque se considerase tal, era sin embargo un orden político legítimo querido por Dios y, por ello, más aceptable que la disolución de lo político, que llevaba a la anarquía y a quebrantar el designio divino. Esta postura fue, entre otras cosas, la respuesta de Berkeley a algunos autores liberales como Locke[3], quien afirmaba en su *Segundo Tratado* que la unidad social requería compromisos de ambas partes entre gobernantes y gobernados y que, por eso mismo, era posible e incluso deseable que su contrato de asociación pudiera romperse en caso de excesos por parte de los gobernantes.

A pesar de la radicalidad de su propuesta, Berkeley llegó a admitir que el deber de obediencia pasiva no siempre exigía sumisión total. Reconoció que había excepciones como en aquellos casos en los que quienes ostentaban el poder eran usurpadores u hombres locos [§ 52-54]. En este sentido, el filósofo del inmaterialismo no era insensible a la situación de las personas oprimidas por la tiranía y permitía la acción política —especialmente por razones apologéticas (básicamente anglicanas) y siempre que no se desviara del orden establecido—; sin embargo, en el propio texto el autor prefirió matizar esta excepción, al insistir en que la desobediencia a un tirano era un error, incluso cuando la violación de la ley moral por parte del tirano fuera una violación peor que la rebelión, con lo cual se inclinó por no permitir ninguna transgresión de la ley moral. De manera pragmática, Berkeley consideró que era mejor la injusticia a la rebelión armada, porque con el tiempo esta solía reintroducir la injusticia y la desigualdad que pretendía eliminar e incluso era capaz de devolver a los hombres al estado de naturaleza. Por eso argumentaba que era preferible dejar que Dios reparase la injusticia, porque Él se encargaría de la retribución en el día del juicio final.

Lo que quería evitar Berkeley mediante la propuesta de la obediencia pasiva era que a través de la fuerza se resistiera al gobierno establecido. La experiencia de la revolución de 1688 le había mostrado que la rebelión llevaba a una situación de anarquía que sólo producía caos, desorden y barbarie. Por eso sostuvo que las reglas morales negativas debían cumplirse sin excepción, ya que eliminaban la posibilidad de que cada persona decidiera si debía cumplir o resistir una ley en particular [§19], lo que cancelaba el riesgo de la rebelión y sus terribles consecuencias.

La versión de *Obediencia pasiva* contenida en la edición de Luce y Jessop corresponde a la cuarta y última, que Berkeley publicó en Londres en 1713. A diferencia de las tres versiones previas, en esta cuarta Berkeley dividió algunas secciones en parágrafos, modernizó un poco la puntuación, añadió una nota al pie y agregó la sección cincuenta y tres. El resto del texto permaneció idéntico.

Obediencia pasiva

O la doctrina cristiana de no resistir al Poder Supremo, probada y defendida conforme a los principios de la Ley de la Naturaleza. En un Discurso pronunciado en la Capilla del Colegio

> Nec vero aut per senatum aut per populum salvi hac lege possumus
>
> CICERÓN, Fragm. *De republica*[1]

Al lector

Que no se debe prestar una obediencia pasiva absoluta a ningún poder civil, sino que la sumisión al gobierno debe ser medida y limitada por el bien público de la sociedad; y que, por lo tanto, los súbditos pueden resistir legalmente a la autoridad suprema en aquellos casos en los que el bien público parezca exigirlo claramente; más aún, que es su deber hacerlo, ya que todos tienen la necesaria obligación de promover el interés común. Estas y otras nociones parecidas, que no puedo evitar pensar como perniciosas para la humanidad y repugnantes a la recta razón, han sido cultivadas industriosamente en los últimos años y expuestas bajo las luces más ventajosas por hombres de talento y cultura, por lo que me pareció necesario armar a los jóvenes de nuestra Universidad contra ellas y cuidar de que vayan al mundo con buenos principios. No quiero decir que se les prejuicie obstinadamente en favor de un partido, sino que, a partir de un conocimiento temprano de su deber, y de los claros fundamentos racionales del mismo, se les determine a tales prácticas para poder hablar de ellos como *buenos Cristianos y súbditos leales*.

Con esta convicción pronuncié no hace muchos meses tres discursos en la capilla del Colegio y algunos de los que los escucharon pensaron que podría ser de utilidad hacerlos más públicos; y, ciertamente, los falsos relatos que se han difundido sobre ellos en el extranjero lo han hecho necesario. En consecuencia, ahora los entrego al mundo bajo la forma de un Discurso completo.

Para concluir: como al escribir estos pensamientos me esforcé en preservar ese temperamento frío e imparcial que es propio de todo investigador sincero de la verdad, deseo de corazón que sean leídos con la misma disposición.

[17] Obediencia pasiva

Quien resiste a la autoridad, resiste a la ordenanza de Dios. *Rom.*, XIII: 2².

1.º) No es mi propósito indagar sobre la naturaleza particular del gobierno y la constitución de estos reinos; mucho menos pretender determinar los méritos de los diferentes partidos que ahora reinan en el Estado³. Declaro que estos temas se encuentran fuera de mi alcance y, probablemente, la mayoría de los hombres pensará que es impropio tratarlos en una audiencia compuesta casi en su totalidad por personas jóvenes, apartadas de los negocios y del ruido del mundo para que reciban una instrucción más conveniente en el aprendizaje y en la piedad. Pero seguramente no es inadecuado a la condición de este lugar inculcar y explicar cada parte de la ley de la Naturaleza, o aquellas virtudes y deberes que son igualmente obligatorias en todo reino o sociedad de hombres bajo el cielo; y considero que es de este género el deber cristiano de no resistir al poder supremo, implícito en mi sentencia *quien resiste a la Autoridad, resiste a la ordenanza de Dios*[4]. Al examinar estas palabras observaré el método siguiente.

2.º) En primer lugar, me esforzaré por demostrar que al poder civil supremo, dondequiera que se encuentre, en cualquier nación, se le debe una absoluta e ilimitada no-resistencia u obediencia pasiva. En segundo lugar, inquiriré en los fundamentos y razones de la opinión contraria. En tercer lugar, consideraré las objeciones derivadas de las pretendidas consecuencias de la no-resistencia al poder supremo[5]. Al tratar estas cuestiones no intento basarme en la autoridad de la Sagrada Escritura, sino enteramente en los principios de la razón comunes a toda la humanidad; y eso porque existen algunos hombres muy racionales y eruditos que, estando verdaderamente convencidos de que una completa sumisión pasiva a cualquier poder terrenal es repugnante a la recta razón[6], nunca podrán admitir una interpretación de la Sagrada Escritura (por natural y obvia que sea al texto) que ocasione que una parte de la religión cristiana les parezca en sí misma manifiestamente absurda y [18] destructiva de los derechos originales inherentes a la naturaleza humana.

3.º) No tengo la intención de hablar sobre esa sumisión que los hombres, sea por deber o por prudencia, están obligados a rendir a los poderes inferiores o ejecutivos; tampoco consideraré dónde o en qué personas se aloja el poder supremo o legislativo en tal o cual gobierno. Solamente daré por supuesto que en algún lugar de toda comunidad civil se encuentra depositado un poder supremo que hace las leyes y obliga a su observación. El cumplimiento de esas leyes, ya sea por una ejecución puntual de lo que ellas ordenan o, si eso es incompatible con la razón o la conciencia, por una paciente sumisión a todas las penas que el poder supremo haya unido a la negligencia o transgresión de las mismas, se llama *lealtad*; mientras que, por otro lado, hacer uso de la fuerza y la violencia abierta, ya sea para resistir la ejecución de las leyes o para evitar los castigos designados por el poder supremo, se denomina propiamente *rebelión*.

Ahora bien, para hacer evidente que todo grado de rebelión en el súbdito es criminal, me esforzaré, en primer lugar, por demostrar que la lealtad es un deber natural o moral y que la deslealtad o rebelión es, en el sentido más estricto y propio, un vicio o una violación de la ley de la naturaleza. En segundo lugar, me propongo mostrar que las prohibiciones del vicio o los preceptos negativos de la ley de la naturaleza, como «No cometerás adulterio», «No jurarás por tu cabeza»[7], «No te resistirás al poder supremo» y otros semejantes, deben ser tomados en el sentido más absoluto, necesario e inmutable; de modo que ni la consecución del mayor bien ni la liberación del mayor mal que le pudiera ocurrir a cualquier hombre o grupo de hombres en esta vida pueda justificar la menor violación de ellos.

En primer lugar, entonces, voy a mostrar que la lealtad es un deber moral y la deslealtad o rebelión es, en el sentido más estricto y propio, un vicio o una violación de la ley de la naturaleza[8].

4.º) Aunque todos los sabios estén de acuerdo en que existen ciertas reglas morales o leyes de la naturaleza que conllevan una obligación eterna y necesaria, hay, sin embargo, diversas opiniones en cuanto a los métodos más apropiados para descubrir esas leyes y distinguirlas de otras que dependen del humor y el juicio de los hombres. Algunos nos invitan a buscarlas en las ideas divinas, otros en las inscripciones naturales de la mente; algunos las derivan de la autoridad de los eruditos y del acuerdo y consentimiento [19] universal de las naciones[9]. Por último, otros sostienen que sólo pueden ser descubiertas por las deducciones de la razón. Se debe reconocer que los primeros tres métodos se realizan bajo grandes dificultades y el último, que yo sepa, no ha sido explicado claramente en ninguna parte ni tratado con la amplitud que la importancia del tema merece. Espero, por tanto, que se nos perdone si en un discurso sobre la obediencia pasiva, cuyo objetivo es establecer lo más sólidamente los fundamentos de ese deber, hacemos alguna investigación sobre el origen, la naturaleza y la obligación de los deberes morales en general, así como sobre los criterios por los que deben ser conocidos[10].

5.º) Como el amor propio[11] es el principio más universal de todos y el más profundamente grabado en nuestros corazones, es natural que consideremos las cosas según su conveniencia para aumentar o disminuir nuestra propia felicidad y conforme a ello las denominemos *buenas* o *malas*. Nuestro juicio se emplea siempre en distinguir entre estas dos y toda la empresa de nuestras vidas consiste en esforzarnos, mediante una aplicación adecuada de nuestras facultades, en procurar la una y evitar la otra[12]. Al venir al mundo, nos guiamos enteramente por las impresiones de los sentidos; el placer sensible es la característica infalible del bien presente, como el dolor lo es del mal[13]. Pero poco a poco, en cuanto crece nuestro conocimiento de la naturaleza de las cosas, la experiencia nos informa que el bien presente suele ir acompañado después de un mal mayor; y, por otra parte, que el mal presente no es con menos frecuencia la ocasión que nos procura un futuro bien mayor[14]. Además, a medida que las más nobles facultades del alma humana comienzan a desplegarse, nos descubren bienes mucho más excelsos que aquellos que afectan los sentidos[15]. De ahí que se produzca una alteración en nuestros juicios; ya no nos conformamos con las primeras excitaciones de los sentidos, sino que nos detenemos a considerar las consecuencias remotas de una acción: qué bien se puede esperar o qué mal se puede temer de ella según el curso habitual de las cosas. Esto nos obliga con frecuencia a pasar por alto los goces presentes y momentáneos cuando entran en competencia con bienes mayores y más duraderos, aunque sean demasiado lejanos o de una naturaleza demasiado refinada para afectar nuestros sentidos[16].

[20]   6.º) Dado que tanto la tierra entera como la duración total de las cosas perecederas contenidas en ella son del todo insignificantes o, en el estilo expresivo del profeta, «menos que nada» respecto de la Eternidad[17], ¿quién no ve que

todo hombre razonable debería conformar sus acciones de tal manera que puedan contribuir más eficazmente a promover su interés eterno?[18]. Y dado que es una verdad evidente por la luz de la naturaleza[19] que hay un Espíritu soberano omnisciente, que por sí solo puede hacernos felices o miserables para siempre, se sigue con claridad que la conformidad con Su voluntad, y no la perspectiva de un beneficio temporal, es la única regla por la que todo hombre que actúa según los principios de la razón debe gobernar y regular sus acciones. De igual manera, la misma conclusión resulta evidente de la relación que Dios tiene con sus criaturas. Sólo Dios es creador y preservador de todas las cosas. Él es, por lo tanto, con el más indudable derecho, el gran legislador del mundo; y la humanidad está obligada, por todos los vínculos del deber y no menos que por los del interés, a obedecer Sus leyes[20].

7.º) De ahí que debamos, por sobre todas las cosas, esforzarnos por rastrear la voluntad divina o el diseño general de la Providencia con respecto a la humanidad, así como los métodos que tienden más directamente a la realización de ese diseño; y este parece ser el camino verdadero y adecuado para descubrir las leyes de la naturaleza[21]. Porque como las leyes son reglas que dirigen nuestras acciones hacia el fin deseado por el legislador, para alcanzar el conocimiento de las leyes de Dios debemos preguntarnos primero cuál es ese fin que Él designa para el ejercicio de las acciones humanas[22]. Ahora bien, como Dios es un ser de infinita bondad es evidente que el fin que propone es bueno. Pero como Dios goza en sí mismo de toda perfección posible, se sigue que no se trata de Su propio bien, sino del de Sus criaturas. Además, las acciones morales de los hombres están totalmente limitadas en ellos mismos, de modo que no tienen ninguna influencia sobre los otros órdenes de inteligencias o criaturas razonables; por consiguiente, el fin que deben procurar no puede ser otro que el bien de los hombres. Pero como nada en el estado natural puede dar a un hombre más derecho que a otro al favor de Dios, excepto sólo la bondad moral –la cual consiste en una conformidad con las leyes de Dios, presupone la existencia de tales leyes y que la ley supone siempre un fin que guía nuestras acciones–, se sigue que no se puede concebir ninguna distinción entre los hombres que sea anterior al fin propuesto por Dios; por tanto, ese fin en sí mismo, o designio general de la Providencia, no está determinado ni limitado en modo alguno a las personas. No se trata, pues, del bien privado de tal o cual hombre, nación o época, sino del bienestar general de todos los hombres, de todas las naciones, de todas las épocas del mundo, que Dios designa que se consiga mediante las acciones concurrentes de cada individuo[23].

[21]

Habiendo descubierto así el eminente fin al que están subordinadas todas las obligaciones morales, nos queda por investigar qué métodos son necesarios para la obtención de ese fin.

8.º) El bienestar de la humanidad se debe promover necesariamente por una de estas dos vías: o bien, en primer lugar, sin apelar al mandato de ciertas reglas morales universales, simplemente obligando a cada uno, en cada ocasión particular, a consultar el bien público y a hacer siempre lo que le parezca que más conduce a ello en las circunstancias

y en el momento presente; o bien, en segundo lugar, impo-
niendo la observación de algunas leyes establecidas y determinadas que si se practican universalmente tienen, por la
naturaleza de las cosas, una aptitud esencial para procurar
el bienestar de la humanidad, aunque en su aplicación particular a veces sean, a causa de accidentes inesperados y de
la perversa irregularidad de las voluntades humanas, la ocasión de grandes sufrimientos e infortunios para muchos
hombres de bien.

Contra el primero de estos métodos hay varias objeciones de peso. Para ser breve mencionaré solamente dos.

9.º) En primer lugar, se seguirá que los mejores hombres,
por la falta de juicio, y los más sabios, por la falta de conocimiento de todas las circunstancias y consecuencias ocul-
tas de una acción, pueden muy a menudo no saber cómo
comportarse; lo que no sucedería si juzgaran cada acción
comparándola con algún precepto particular, en lugar de
examinar el bien o el mal que, en ese único caso, la acción
tiende a ocasionar; ya que es mucho más fácil juzgar con
certeza si tal o cual acción es una transgresión de este o
aquel precepto que juzgar si estará acompañada de mejores
o peores consecuencias. En resumen, es imposible calcular
las incidencias de cada acción particular; y, aunque no lo
fuera, tomaría demasiado tiempo para ser útil en los asuntos de la vida.

En segundo lugar, si se sigue ese método resultará que no
podemos tener ninguna norma segura que permita, por
comparación, decidir si las acciones de otro son buenas o [22]
malas, si son virtudes o vicios. Porque, dado que se supone
que la medida y la regla de las acciones de todo hombre

bueno no son otras que su propia opinión personal y desinteresada sobre lo que más favorece al bien público en esa coyuntura, y dado que esta opinión debe ser inevitablemente muy diferente en diferentes hombres según sus puntos de vista y circunstancias particulares, es imposible saber, por ejemplo, si un caso de parricidio o perjurio es criminal. El hombre puede haber tenido sus razones para ello; y lo que para mí habría sido un pecado abominable puede ser para él un deber. La regla particular de cada hombre está oculta en su propio pecho, invisible para todos salvo para él mismo, por lo que solamente él puede decir si la observa o no. Y dado que esta regla se ajusta a las circunstancias particulares debe siempre cambiar con ellas; por eso no solamente varía en los diferentes hombres, sino en un mismo hombre en diferentes momentos[24].

10.º) De todo esto resulta que no puede haber armonía ni acuerdo entre las acciones de los hombres buenos, que no hay aparente firmeza ni coherencia de un hombre consigo mismo, que no hay ninguna adhesión a los principios; las mejores acciones pueden ser condenadas y las más viles se reciben con aplausos[25]. En una palabra, se sobreviene la más horrible confusión que se pueda imaginar entre el vicio y la virtud, entre el pecado y el deber. De ello resulta, entonces, que el fin eminente para el que Dios requiere la concurrencia de las acciones humanas debe llevarse a cabo necesariamente por el segundo método propuesto, a saber, por la observación de ciertas reglas o preceptos morales, universales y determinados, que por su propia naturaleza tienen una tendencia necesaria a promover el bienestar de toda la humanidad, abarcando todas las naciones y épocas desde el comienzo hasta el fin del mundo.

11.º) Por esta razón, después de un análisis exhaustivo e imparcial de la naturaleza general, de las pasiones, de los intereses y de las relaciones mutuas de la humanidad, toda proposición práctica que según la recta razón parezca tener claramente una conexión necesaria con el bienestar universal incluido en ella debe ser considerada como ordenada por la voluntad de Dios[26]. Porque quien quiere el fin se hará de los medios necesarios para conseguir ese fin; pero se ha mostrado que Dios quiere que el bienestar universal de la humanidad sea promovido por la concurrencia de todos los individuos; por lo tanto, toda proposición práctica que necesariamente tienda a ese fin debe ser considerada como un decreto de Dios y, en consecuencia, como una ley para los hombres[27].

12.º) Estas proposiciones son llamadas *leyes de la naturaleza* porque son universales y no derivan su obligación de ninguna sanción civil, sino inmediatamente del propio Autor de la naturaleza. Se dice que *están impresas en la mente,* que están *grabadas en las tablas del corazón,* porque son bien conocidas por la humanidad y son sugeridas e inculcadas por la conciencia. Finalmente, son denominadas *reglas eternas de la razón,* porque necesariamente resultan de la naturaleza de las cosas y pueden ser demostradas por las deducciones infalibles de la razón. [23]

13.º) Y a pesar de que estas reglas con demasiada frecuencia, ya sea por la desafortunada concurrencia de los acontecimientos, o más especialmente por la maldad de hombres perversos que no se ajustan a ellas, se convierten en causas accidentales de miseria para los hombres buenos que las cumplen[28], esto no anula su obligación: deben siempre considerarse las normas fijas e inalterables del bien y del mal moral; ningún interés privado, ningún amor por los amigos, ninguna consideración hacia el bien público debería apartarnos de ellas. Por consiguiente, cuando surge alguna duda sobre la moralidad de una acción, es claro que no se puede determinar calculando el bien público que, en ese caso particular, resulta de ella, sino sólo comparándola con la ley eterna de la razón. Aquel que ajusta sus acciones a esta regla nunca puede hacer mal, aunque por ello se condene a la pobreza, a la muerte o a la desgracia; no, ni aunque involucre a su familia, a sus amigos, a su país, en todos aquellos males que se consideran los más grandes y más insoportables para la naturaleza humana. La ternura y el temperamento benévolo son a menudo motivo de las mejores y más grandes acciones, pero no debemos hacer de ellos la única regla de nuestras acciones; son pasiones arraigadas en nuestra naturaleza y como todas las demás pasiones deben ser contenidas y sometidas, de lo contrario podrían llevarnos a cometer monstruosidades tan grandes como cualquier otro placer desenfrenado. De hecho, son más peligrosas que otras pasiones, en la medida en que son más persuasivas y capaces de deslumbrar y corromper la mente con la apariencia de la bondad y la generosidad[29].

14.º) Para ilustrar lo que se ha dicho, no estaría mal si volvemos la vista del mundo moral al mundo natural. *Homo ortus est* —dice Balbo en Cicerón[30]— *ad mundum contemplan-*

dum et imitandum. Y, seguramente, no es posible para los agentes libres e inteligentes proponer un modelo más noble para su imitación que la Naturaleza, que no es otra cosa [24] que una serie de acciones libres producidas por el mejor y más sabio Agente[31]. Pero es evidente que esas acciones no se adaptan a puntos de vista particulares, sino que todas ellas se ajustan a ciertas reglas generales que los filósofos reúnen a partir de la observación y denominan leyes de la naturaleza[32]. Y en verdad estas leyes están perfectamente adaptadas para promover el bienestar general de la creación, pero como resultado de las combinaciones fortuitas de eventos y de los movimientos voluntarios de los animales sucede a menudo que el bien natural, no sólo de hombres privados, sino también de ciudades y naciones enteras, sería más favorecido por una suspensión particular o por una contrariedad de esas leyes que por su estricta observación. Sin embargo, a pesar de todo eso, la naturaleza sigue siempre su curso; y más aún, es evidente que plagas, hambrunas, inundaciones, terremotos, con una variedad infinita de dolores y penas, en una palabra, todo tipo de calamidades públicas y privadas surgen de la observación uniforme y constante de esas leyes generales que han sido establecidas de una vez por todas por el Autor de la Naturaleza y que Él no cambiará ni desviará por ninguna de estas razones, por sabio o benevolente que pueda parecer a los hombres insensatos. En cuanto a los milagros registrados en las Escrituras, siempre se realizaron para confirmar alguna doctrina o misión de Dios, y no por los bienes naturales particulares, como la salud o la vida, que algunos hombres podrían haber obtenido de ellos[33]. A partir de todo esto, parece suficientemente claro que no podemos dudar sobre el camino a elegir, si es que pensamos que los propios métodos de Dios son los más adecuados para la consecución de Sus fines y que es nuestro deber copiarlos, hasta donde lo permita la fragilidad de nuestra naturaleza.

15.º) Hasta ahora hemos discutido, en un nivel general, la naturaleza y la necesidad de las reglas morales y el criterio o marca por el que pueden ser conocidas. En cuanto a las reglas particulares, a partir del discurso anterior se puede deducir sin mucha dificultad lo principal de ellas. Se ha mostrado que la ley de la naturaleza constituye un sistema de reglas o preceptos tales que, si son observados en su totalidad, en todo momento, en todo lugar y por todos los hombres, necesariamente promoverán el bienestar de la humanidad en la medida en que es alcanzable por las acciones humanas. Ahora bien, dejemos que cualquiera que tenga uso de razón realice un estudio imparcial del marco general de la naturaleza humana y de las circunstancias que la acompañan y le parecerá claro, por ejemplo, que la constante observación de la verdad, de la justicia y de la castidad tiene una conexión necesaria con el bienestar universal; que por tanto deben ser consideradas como virtudes o deberes y que las proposiciones «No perjurarás», «No cometerás adulterio», «No robarás», son otras tantas reglas morales inmutables que violarlas en el mínimo grado sería un vicio o un pecado. Digo que el acuerdo de estas proposiciones prácticas particulares con la definición o el criterio antes expuesto resulta tan claramente de la naturaleza de las cosas que sería una digresión innecesaria ampliarlo en este lugar. Y por el mismo principio y por el mismo razonamiento se sigue que la lealtad es una virtud moral y que la

[25]

premisa «No resistirás al poder Supremo» es una regla o ley de la naturaleza, cuya menor violación conlleva la mancha inherente de la depravación moral.

16.º) Podemos imaginarnos fácilmente las miserias inseparables de un estado de anarquía. Tan insuficiente es el ingenio o la fuerza de un solo hombre para evitar los males o procurar las bendiciones de la vida, y tan propensas son las voluntades de diferentes personas para contradecirse y contrariarse mutuamente, que es absolutamente necesario que varios poderes independientes se combinen juntos bajo la dirección (si se me permite hablar así) de una y la misma voluntad, quiero decir de la ley de la sociedad. Sin esto no hay civilidad, ni orden, ni paz entre los hombres, sino que el mundo es un gran cúmulo de miseria y confusión; tanto el fuerte como el débil, tanto el sabio como el estulto están expuestos por todos lados a todas las calamidades a las que el hombre puede estar sujeto en un estado en el que no tiene más seguridad que la de no poseer nada que pueda generar envidia o deseo en otro. Un estado mucho más inaceptable que el de los brutos, ya que una criatura razonable posee mayor reflexión y previsión de las miserias que ellos[34]. De lo cual se sigue claramente que la lealtad, es decir, la sumisión a la suprema autoridad civil tiene, si se practica universalmente junto con todas las demás virtudes, una conexión necesaria con el bienestar de toda la humanidad; en consecuencia, si el criterio que hemos establecido es cierto, la lealtad constituye, estrictamente hablando, un deber moral o una rama de la religión natural. Y, por lo tanto, el menor grado de rebelión es, con la mayor rigurosidad y propiedad, un pecado, no solamente para los cristianos, sino también para aquellos que tienen la luz de la razón como su única guía. Más aún, bajo un examen completo e imparcial esta sumisión aparecerá, pienso, como [26] una de las primeras y fundamentales leyes de la naturaleza, puesto que es el gobierno civil el que fija y delimita las diversas relaciones entre los hombres y el que regula la propiedad, dando así cabida y sentando las bases para el ejercicio de todos los demás deberes. Y, en verdad, quien considere la condición humana apenas concebirá posible que en el desnudo y desolado estado de naturaleza se establezca la práctica de cualquier virtud moral.

17.º) Pero, dado que se debe admitir que no en todos los casos nuestras acciones se efectúan conforme a ciertas reglas morales fijas, es posible que todavía se cuestione si la obediencia al poder supremo no es uno de esos casos de excepción y, por consiguiente, si no debe ser regulada por la prudencia y el juicio de cada individuo particular en lugar de ajustarse a la regla de la no-resistencia absoluta. Por ello, me esforzaré por dejar aún más claro que la proposición «No resistirás al Poder Supremo» es un precepto moral indudable, como se verá a partir de las siguientes consideraciones.

En primer lugar, la sumisión al gobierno es una cuestión lo suficientemente importante como para ser establecida por una regla moral. Las cosas insignificantes y de poco valor están, por esa misma razón, exentas de las reglas de la moral. Pero el gobierno, del que tanto depende la paz, el orden y el bienestar de la humanidad, ciertamente no puede considerarse de tan poca importancia como para no ser asegurado y custodiado por una regla moral. El gobierno mismo es, bajo el cielo, la fuente principal de las ventajas particulares cuya obtención y conservación fueron prescritas a los hombres por varias reglas morales incuestionables.

18.º) En segundo lugar, la obediencia al gobierno es un caso suficientemente universal como para estar bajo el mandato de una ley de la naturaleza. Puede haber innumerables reglas para regular asuntos de gran importancia, en ciertas coyunturas y para algunas personas o sociedades en particular, que sin embargo no se consideran leyes morales o naturales, sino que pueden ser totalmente abrogadas o dispensadas; porque los fines privados que pretenden promover sólo conciernen a algunas personas particulares que mantienen relaciones que no se fundan en la naturaleza general del hombre. Estas personas, en varias ocasiones y según la coyuntura, pueden perseguir sus propios fines por diversos medios, lo que parece estar en conformidad con la prudencia humana. ¿Pero qué relación es más vasta y universal que la del súbdito y la ley? Esta no se limita a ninguna época o región en particular, sino que se da universalmente, en todas las épocas y en todos los lugares donde sea [27] que los hombres vivan en un estado superior al de los brutos. Por lo tanto, es evidente que la regla que prohíbe la resistencia a la ley o poder supremo no debe, bajo pretexto de algún defecto con respecto a la universalidad, ser excluida del número de las leyes de la naturaleza.

19.º) En tercer lugar, hay otra consideración que confirma la necesidad de admitir esta regla como una ley moral o natural, a saber, porque el caso al que se refiere es de una naturaleza demasiado delicada y difícil como para ser dejado al juicio y a la determinación de cada persona privada. Algunos casos son tan claros y obvios de juzgar que pueden confiarse con seguridad a la prudencia de todo hombre razonable. Pero todos los demás casos, determinar si una ley civil es adecuada para promover el interés público, o si la sumisión o la resistencia resultarán más ventajosas en cuanto a sus resultados, o determinar en qué momento el bien general de una nación puede requerir un cambio de gobierno, ya sea en su forma o en las manos que lo administran, son cuestiones demasiado arduas e intrincadas y requieren un grado demasiado alto de talentos, ocio y educación liberal, así como desinterés y conocimiento profundo del estado particular de un reino, como para que cada súbdito se encargue de su resolución[35]. De lo que resulta, también por esta razón, que la no-resistencia, que en general nadie puede negar que es un deber muy provechoso y saludable, no debe estar limitada a circunstancias particulares por el juicio de las personas privadas, sino que deber ser considerada como una ley de la naturaleza de las más sagradas.

20.º) Pienso que los argumentos precedentes ponen de manifiesto que el precepto contra la rebelión está al mismo nivel que las demás reglas morales. Esto se verá aún mejor a partir de esta cuarta y última consideración. No se puede negar que la recta razón requiere una regla establecida común o norma, mediante la cual los súbditos deban modelar su sumisión al poder supremo. Puesto que cualquier conflicto o desacuerdo en este punto tiende inevitablemente a debilitar y disolver la sociedad. Y es inevitable que se produzca un gran conflicto cuando se deja a la conciencia de cada individuo conformar su propia fantasía con una norma diferente de obediencia[36]. Pero esta norma establecida común debe ser o bien el precepto general que prohíbe la resistencia o, si no, el bien público de toda la nación. Sobre esto último, aunque se permita encontrar en ella algo seguro y definitivo, sin embargo, dado que los hombres pueden regular su conducta exclusivamente por lo que les parece, sea que lo que les parezca se confunda o no con la verdad –y puesto que las ideas que los hombres se forman a sí mismos del bien público de un país son comúnmente tan variadas como sus paisajes, que se encuentran a la vista en diversas situaciones–, se deduce claramente que hacer del bien público la regla de obediencia no es, en realidad, establecer una norma común de lealtad bien definida y acordada, sino abandonar a cada súbdito a la guía de su propia e inconstante fantasía.

[28]

21.º) De todos estos argumentos y consideraciones hay una conclusión muy evidente: que la ley que prohíbe la rebelión es en estricta verdad una ley de la naturaleza, de la razón universal y de la moral. Pero algunos tal vez objetarán a esto que, sea lo que sea que se concluya por las tediosas deducciones de la razón con respecto a la resistencia, hay todavía no sé qué vileza y deformidad en algunas acciones que a primera vista las muestra como viciosas; y como al pensar en la rebelión ellos no son afectados con un horror tan sensible e inmediato, no pueden pensarla al nivel de otros crímenes contra la naturaleza. A lo que respondo que es verdad que existen ciertas antipatías naturales implantadas en el alma que son siempre las más duraderas e insuperables; pero como la costumbre es una segunda naturaleza[37], las aversiones que desde nuestra temprana infancia se infunden continuamente en la mente dejan una impronta tan profunda que apenas puede distinguirse de la complexión natural[38]. Y de aquí se sigue que, así como hacer pasar todos los horrores interiores del alma por marcas infalibles de pecado sería la manera de establecer el error y la superstición en el mundo, del mismo modo, por el contrario, suponer lícitas todas las acciones que no estén acompañadas de esos sobresaltos (*starts*) naturales tendría las consecuencias más peligrosas para la virtud y la moral. Porque si estas nos pertenecen en tanto hombres, por respeto a ellas no debemos dejarnos guiar por ninguna emoción en nuestra sangre y espíritu, sino por los dictados de la sobria e imparcial razón. Y si alguien descubre que tiene menos aversión por la rebelión que por otras villanías, todo lo que se puede inferir de ello es que esta parte de su deber no fue reflejada lo suficiente, o no fue inculcada tan temprano y con tanta frecuencia en su corazón como debería haber sido. Porque sin duda existen otros hombres que tienen una aversión tan profunda por aquella como por cualquier otro crimen[39].

22.º) Además, probablemente se objetará que la sumisión al gobierno se distingue de los deberes morales porque se basa en un contrato, el cual, si se violan sus condiciones, queda por supuesto anulado y en tal caso la rebelión es legítima; esta, por tanto, no tiene la naturaleza de un pecado o de un crimen, que son en sí mismos absolutamente ilegítimos y no deben ser cometidos bajo ningún pretexto. Ahora bien, pasando por alto toda investigación y disputa sobre los primeros y oscuros comienzos del gobierno, observo que su fundación en un contrato puede entenderse en un

[29]

doble sentido: o bien, en primer lugar, que varias personas libres, descubriendo la intolerable inconveniencia de un estado de anarquía donde cada uno se regía por su propia voluntad, consintieron y acordaron juntos someterse de forma absoluta a los decretos de un determinado poder legislativo que, aunque a veces pueden ejercerse con dureza sobre el súbdito, deben sin duda resultar más fáciles de gobernar que los humores violentos y las voluntades contradictorias e inestables de una multitud de salvajes. Y en caso de que admitamos que tal pacto ha sido el fundamento original del gobierno civil, incluso bajo esa suposición debe ser considerado sagrado e inviolable[40].

23.º) O bien, en segundo lugar, se quiere decir que los súbditos han contraído con sus respectivos soberanos o legisladores el deber de una sumisión a sus leyes, no absoluta, sino condicional y limitada, es decir, bajo la condición y en la medida en que su observancia contribuya al bien público. Reservándose, no obstante, el derecho de supervisar las leyes y de juzgar si son apropiadas o no para promover el bien público, y —en caso de que ellos o alguno de ellos lo considere necesario— de resistir a los poderes superiores y cambiar toda la estructura del gobierno por la fuerza, lo que constituye un derecho que toda la humanidad, ya sean individuos o sociedades, tiene sobre aquellos que han sido nombrados para representarlos[41]. Pero, en este sentido, un contrato no se puede admitir como fundamento y medida de la obediencia civil a menos que se demuestre claramente una de estas dos cosas: o bien, en primer lugar, que tal contrato es una parte conocida y expresa de la constitución fundamental de una nación, igualmente admitida e incues- [30]

tionada por todos como ley común de la nación, o bien, en segundo lugar, si el contrato no es expreso, que al menos esté necesariamente sugerido en la naturaleza misma o en la noción misma de la política civil, lo que supone que es manifiestamente absurdo el hecho de que un grupo de hombres se vea obligado a vivir bajo una sujeción ilimitada a la ley civil, en lugar de continuar viviendo como salvajes e independientes unos de otros[42]. Pero a mí me parece muy evidente que jamás se demostrará ninguno de estos dos puntos.

24.º) Y hasta que no se demuestren de manera irrefutable, la doctrina construida sobre ellos se debe rechazar con aversión. Porque representar a los poderes superiores como diputados del pueblo tiende manifiestamente a disminuir el temor y la reverencia que todos los hombres de bien deberían tener por las leyes y el gobierno de su país. Y hablar de una lealtad limitada, condicionada y de no sé qué contratos vagos e indeterminados es el medio más eficaz para liberar los lazos de la sociedad civil, y nada puede tener consecuencias más perjudiciales para la humanidad. Pero, después de todo, si hay algún hombre que no pueda o no quiera ver lo absurdo y pernicioso de esas ideas, bastaría con que se volvieran comunes y que a cada individuo se le metiera en la cabeza creer que son ciertas y las pusiera en práctica para que este testimonio, no lo dudo, lo convenciera.

25.º) Pero todavía queda una objeción que parece tener cierta fuerza contra lo que se ha dicho. A saber, que mientras que la política civil es una cosa que depende enteramente de la institución humana, parece contrario a la razón hacer que la sumisión a ella sea parte de la ley de la naturaleza y no más bien de la ley civil. Porque, ¿cómo puede imaginarse que la naturaleza pueda dictar o prescribir una ley natural sobre una cosa que depende del humor arbitrario de los hombres, no sólo en cuanto a su especie o su forma, que es muy variada y mutable, sino incluso en cuanto a su existencia, no habiendo en ninguna parte un gobierno civil establecido por la naturaleza? En respuesta a esto observaré, en primer lugar, que la mayoría de los preceptos morales presuponen algunas acciones voluntarias o pactos entre los hombres y, pese a ello, se consideran leyes de la naturaleza. Por el acuerdo y el consentimiento de la humanidad[43] la propiedad se asigna, la significación de las palabras se determina y el matrimonio se contrae; y, sin embargo, no se duda de que el robo, la falsedad y el adulterio estén prohibidos por la ley de la naturaleza. La lealtad, en consecuencia, aunque se supone que es el resultado de las instituciones humanas, puede, a pesar de todo, considerarse una obligación natural. En segundo lugar, diré que, a pesar de que las sociedades particulares están formadas por [31] hombres y que no son iguales en todos los lugares –como suelen ser las cosas consideradas naturales–, hay, sin embargo, implantada en la humanidad una tendencia o disposición natural a la vida social. La llamo *natural* porque es universal y porque resulta necesariamente de las diferencias que distinguen al hombre de la bestia; y las necesidades particulares, apetitos, facultades y capacidades del hombre están exactamente calculadas y diseñadas para tal estado, al grado de que sin ella sería imposible que viviera en una condición mínimamente apropiada a su naturaleza.

Y puesto que el vínculo y el cemento de la sociedad es la sumisión a sus leyes, resulta claramente que este deber tiene el mismo derecho que cualquier otro a ser considerado una ley de la naturaleza[44]. Y ciertamente ese precepto que ordena la obediencia a las leyes civiles no puede ser considerado en sí mismo, con alguna propiedad, como una ley civil; por lo tanto, o no debe tener ninguna obligación sobre la conciencia o, si la tiene, debe derivarse de la voz universal de la naturaleza y de la razón.

26.º) Y de esta manera, el primer punto propuesto parece claramente establecido. A saber, que la lealtad es una virtud o deber moral y que la deslealtad o rebelión es, en el sentido más estricto y propio, un vicio o crimen contra la ley de la naturaleza.

Llegamos ahora al segundo punto[45] que consistía en mostrar que las prohibiciones del vicio, o los preceptos morales negativos, deben ser tomados en el sentido más absoluto, necesario e inmutable; al grado que ni la consecución del mayor bien ni la liberación del mayor mal, que puede acontecer a cualquier hombre o grupo de hombres en esta vida, pueda justificar la menor violación de ellos. Pero, en primer lugar, explicaré la razón de distinguir entre preceptos positivos y negativos porque sólo estos últimos están incluidos en esta proposición general. Ahora bien, el fundamento de esa distinción puede reducirse a esto: que muy a menudo, ya sea por la dificultad o el número de acciones morales o ya sea por su incompatibilidad, no es posible que un solo hombre realice varias de ellas al mismo tiempo; mientras que es claramente consistente y posible que un hombre se abstenga, al mismo tiempo, de todo tipo de acciones positivas. De ahí que las prohibiciones o preceptos negativos deben ser observados por todos, en todo tiempo y lugar; mientras que aquellos que ordenan realizar una acción dan lugar a la prudencia humana y al juicio cuando son ejecutados; pues la acción depende en su mayor parte de diversas circunstancias accidentales que deben ser consideradas, y se debe cuidar que los deberes de menor importancia no interfieran ni obstaculicen el cumplimiento de los que son más importantes. Y es por esta razón que las leyes positivas, si no en sí mismas, al menos en su ejercicio, admiten la suspensión, la limitación y la diversidad de grados. En cuanto a la indispensabilidad de los preceptos negativos de la ley de la naturaleza, ofreceré como prueba dos argumentos: el primero a partir de la naturaleza de la cosa y el segundo a partir de la imitación de Dios en Su gobierno del mundo. [32]

27.º) En primer lugar, entonces, se ha mostrado a partir de la naturaleza de la cosa que el gran fin de la moral no se puede llevar a cabo dejando que cada individuo promueva el bien público de la manera que considere más conveniente, sin prescribir ciertas reglas universales y determinadas como la norma común de las acciones morales. Y si admitimos la necesidad de estas, y al mismo tiempo consideramos que es legítimo transgredirlas cada vez que el bien público parezca requerirlo, ¿no es esto imponer sólo en palabras la observación de reglas morales, pero en la práctica dejar que cada uno se guíe por su propio juicio? Como ya se ha probado, no se puede imaginar nada más pernicioso y destructivo para la humanidad. En segundo lugar, se puede llegar a este mismo punto a partir del ejemplo que nos pone el Autor de la Naturaleza, quien, como hemos observado antes, actúa de acuerdo con ciertas leyes fijas que Él no transgredirá a causa de los males accidentales que surjan de ellas. Supongamos que un príncipe de cuya vida depende el bienestar de un reino cae en un precipicio, no tenemos ninguna razón para pensar que la ley universal de la gravitación se suspendería en ese caso. Lo mismo se puede decir de todas las demás leyes de la naturaleza: que no podemos considerar que admitan excepciones en casos particulares.

28.º) Y así como sin esa regularidad en la naturaleza[46] pronto no veríamos más que un caos desordenado y confuso en lugar de este hermoso marco, del mismo modo si alguna vez llegara a ser corriente que las acciones morales de los hombres no se guíen por ciertas reglas definidas e inviolables, ya no se encontrará esa belleza, orden y armonía en el sistema de los seres racionales o mundo moral, que entonces quedaría todo cubierto de oscuridad y violencia[47]. Es verdad que el que está cerca de un palacio difícilmente puede hacer un juicio correcto de la arquitectura y la simetría de sus diversas partes, ya que las más cercanas aparecen siempre desproporcionadamente grandes[48]. Y, si queremos tener una perspectiva justa del orden y del bienestar general que las leyes inflexibles de la naturaleza y de la moral dan al mundo, debemos, si se me permite decirlo, salir de él e imaginarnos que somos espectadores distantes de todo lo que contiene y sucede en él; de lo contrario, seguro seremos engañados por la perspectiva demasiado cercana de los pequeños intereses presentes: los nuestros, los de nuestros amigos o los de nuestro país[49].

[33]

La buena comprensión de lo que se ha dicho ofrecerá, pienso, una solución clara a las siguientes dificultades.

29.º) En primer lugar, tal vez puede parecer a algunos que como consecuencia de la doctrina anterior los hombres estarán abandonados más que nunca a sus propios juicios privados. Porque, primero, la existencia misma de las leyes de la naturaleza, segundo, el criterio que permite conocerlas y, tercero, la concordancia de cualquier precepto particular con ese *criterio* deben ser descubiertos por la razón y la argumentación, en donde cada hombre juzga necesariamente por sí mismo; por consiguiente, esta suposición da lugar, como cualquier otra, a una gran confusión, inestabilidad y contrariedad de opiniones y acciones. Respondo que aunque los hombres, que en su mayoría tienen opiniones limitadas e interesadas, pueden diferir sobre lo que es más conveniente y benéfico hacer u omitir para el público en circunstancias particulares, no obstante, en las conclusiones generales –que se extraen de una visión amplia e imparcial de las cosas– no es posible que haya un desacuerdo tan grande, si acaso hay alguno, entre los que investigan la verdad con sinceridad y de manera racional.

30.º) En segundo lugar, el argumento más plausible de todos en contra de la doctrina que hemos expuesto sobre la observación rigurosa y obligatoria de las normas morales es el que se basa en la consideración del bien público[50]. Porque, dado que el bien común de la humanidad es a todas luces el fin que Dios exige que se promueva a través de las acciones libres de los hombres, parece seguirse que todos los hombres buenos deberían siempre tener esto en cuen-

ta, como el gran objetivo al que deben dirigir todos sus esfuerzos; por lo tanto, si en cualquier caso particular una
estricta observancia de la regla moral resultara manifiestamente incompatible con el bien público, se puede pensar
que, en ese caso, es conforme a la voluntad de Dios que la
regla no impida actuar a una persona honesta y desinteresada para el fin para el que la regla misma fue decretada.
Porque es un axioma que «el fin es más excelente que los
medios»[51], los cuales, derivando su bondad del fin, no pueden entrar en competencia con él.

[34]   31.º) En respuesta a esto, basta con señalar que una ley no
es tal simplemente porque conduzca al bien público, sino
porque es decretada por la voluntad de Dios, que es la única que puede dar a cualquier precepto la sanción de una ley
de la naturaleza; tampoco se puede considerar legítima una
cosa, por conveniente o plausible que sea, que no coincida
o no sea compatible con las leyes promulgadas por la voz
de la naturaleza y de la razón. De hecho, se debe admitir
que la deducción racional de esas leyes se basa en la tendencia intrínseca que tienen para promover el bienestar de
la humanidad, a condición de que sean observadas de manera universal y constante. Pero aunque después ocurra
que accidentalmente no logren ese fin o que incluso pro-
muevan el contrario, son sin embargo vinculantes, como ya
se ha probado. En definitiva, se puede resolver toda esta
dificultad con la siguiente distinción. Al elaborar las leyes
generales de la naturaleza se admite que debemos guiarnos
enteramente por el bien público de la humanidad, pero no
en las acciones morales ordinarias de nuestra vida. Tal regla, si se cumple universalmente, promueve necesariamen-

te, por la naturaleza de las cosas, el bienestar general de la humanidad; por tanto, es una ley de la naturaleza. Este es un buen razonamiento. Pero si dijéramos que tal acción produce en tal circunstancia mucho bien y ningún daño a la humanidad, por tanto es legítima; este sería un razonamiento erróneo. La regla se formula con respecto al bien de la humanidad, pero nuestra conducta debe siempre ser moldeada inmediatamente por la regla. Los que piensan que el bien público de una nación es la única medida de la obediencia debida al poder civil parecen no haber considerado esta distinción.

32.º)[52] Cuando se dice que algunos preceptos negativos, por ejemplo, «No matarás», admiten una limitación porque de lo contrario sería ilegítimo para el magistrado, para un soldado en una batalla o para un hombre en legítima defensa matar a otro, respondo que cuando un deber se expresa en términos demasiado generales, como en este caso, es posible, para formularlo de manera clara, o cambiar unos términos por otros que tengan un sentido más restringido, como *matar* por *asesinar*[53], o bien, partiendo de la proposición general y conservando toda su extensión, hacer excepciones en aquellos casos precisos que, al no concordar con la noción de asesinato, no están prohibidos por la ley de la naturaleza. En el primer caso hay una limitación; pero sólo afecta al significado de un único término demasiado general e impropio que se sustituye por otro más propio y particular. En el segundo caso hay excepciones; pero [35] no son de la ley de la naturaleza, sino de una proposición más general que, además de esa ley, incluye algo más que debe ser sustraído a fin de dejar la ley clara y definida por sí misma. De ninguna de estas concesiones se desprende que una ley negativa de la naturaleza se limite sólo a aquellos casos en los que su aplicación particular favorezca el bien público, ni que admita como excepciones a la ley todos los demás casos en los que su observancia efectiva cause un daño al público. Pero tendré ocasión de decir más sobre este asunto a continuación.

He terminado ahora con el primer tema, el cual mostró que existe una obediencia pasiva absoluta, ilimitada, debida al Poder Supremo, dondequiera que se encuentre en cualquier nación; y voy a investigar las razones y fundamentos de la opinión contraria, que fue la segunda cosa propuesta.

33.º) Un gran principio sobre el que los defensores de la resistencia fundan su doctrina es que la ley de la autoconservación es anterior a todos los otros compromisos, siendo la primera y más fundamental ley de la naturaleza[54]. Por esta razón, dicen, los súbditos están obligados por la naturaleza, y es su deber, resistir a los crueles ataques de los tiranos –aunque estos estén autorizados por leyes injustas y sanguinarias, que no son más que decretos de los hombres– y, en consecuencia, deben ceder ante los decretos de Dios o de la naturaleza. Pero si examinamos cuidadosamente esta idea, tal vez no se encontrará tan precisa y clara como algunos hombres pueden imaginar o, de hecho, como puede parecer a primera vista. Pues debemos distinguir entre dos significados del término *ley de la naturaleza,* cuyas palabras o denotan una regla o precepto para la orientación de las acciones voluntarias de los agentes razonables y en ese sentido implican un deber, o se utilizan para significar cualquier regla general que observamos que se encuentra en las obras de la naturaleza –que son independientes de las voluntades de los hombres– y en ese sentido no implican deber alguno. Y, en esta última acepción, estoy de acuerdo en considerar como una ley general de la naturaleza que en todo animal está implantado un deseo de autoconservación, el cual, aunque es de todos los apetitos naturales o adquiridos el más precoz, el más profundo y el más duradero, no puede con propiedad ser llamado un deber moral[55]. Pero si en el primer sentido del término se quiere decir que la autoconservación es la primera y más fundamental ley de naturaleza, y por lo tanto debe ocupar el lugar de todos los demás deberes naturales o morales, considero que esa afirmación es manifiestamente falsa; por esta sencilla razón, porque se seguiría de allí que un hombre puede cometer legítimamente cualquier pecado para preservar su vida[56], lo que no puede ser más absurdo.

[36]

34.º) A decir verdad, no se puede negar que la ley de la naturaleza nos impide hacer aquellas cosas que podrían dañar la vida de cualquier hombre y por consiguiente la nuestra. Pero a pesar de todo lo que se dice de la obligatoriedad y la prioridad de la ley de la autoconservación, no existe, sin embargo, por lo que puedo ver, ninguna ley particular que obligue a un hombre a preferir su propio bien temporal, ni siquiera la vida misma, al de otro hombre, y mucho menos a preferir la observancia de algún deber moral. Esto es lo que estamos por demás dispuestos a hacer por voluntad propia; y existe más necesidad de una ley para frenar y contener nuestro amor propio que para excitarlo e inflamarlo.

35.º) Pero, en segundo lugar, aunque concedamos que el deber de autoconservación es la primera y más necesaria de todas las leyes positivas o afirmativas de la naturaleza, no obstante, visto que es una máxima admitida por todos los moralistas que *no se debe nunca hacer el mal para que sobrevenga el bien,* se sigue claramente de esto que ningún precepto negativo debe ser transgredido a causa de la observancia de uno positivo; y, por tanto, ya que hemos mostrado que «No resistirás al poder supremo» es una ley negativa de la naturaleza, la consecuencia necesaria es que no podemos transgredirla bajo el pretexto de cumplir con el deber positivo de la autoconservación.

36.º) Un segundo motivo erróneo de nuestros adversarios, sobre el que ponen especial énfasis, es que sostienen que el bien público de una nación particular es la norma de la obediencia debida por el súbdito al poder civil, al que, por consiguiente, se puede resistir cada vez que el bien público parezca verdaderamente requerirlo[57]. Pero esta cuestión ya ha sido considerada; y en verdad puede dar poca dificultad a quien comprenda que la lealtad está al mismo nivel que los otros deberes morales prescritos en los preceptos negativos, los cuales, aunque igualmente calculados para promover el bienestar general, no pueden sin embargo limitarse o suspenderse bajo pretexto de permitir este fin, como se desprende claramente de lo que se ha explicado sobre este asunto[58].

37.º) Una tercera razón sobre la que insisten nuestros adversarios consiste en esto. Toda autoridad o derecho civil deriva originalmente del pueblo, pero nadie puede transferir a otro lo que él mismo no tiene; por lo tanto, dado que ningún hombre tiene un derecho absoluto e ilimitado sobre su propia vida, el súbdito no puede transferir tal derecho al príncipe (o poder supremo), quien, en consecuencia, no detenta ningún derecho ilimitado para disponer de la vida de sus súbditos. Por eso, en caso de que un súbdito resista a su príncipe, quien actuando de acuerdo con la ley atente contra su vida de manera injusta aunque legal, no le hace ningún daño, ya que no es injusto impedir que otro se apodere de lo que no tiene ningún derecho; por lo que parecería seguirse, conforme a la razón, que se puede resistir al príncipe o al poder supremo dondequiera que se encuentre[59]. De este modo, habiéndome enforzado por presentar su argumento de la manera más clara doy la siguiente respuesta. En primer lugar, es verdad que ningún poder civil tiene derecho ilimitado a disponer de la vida de ningún hombre. En segundo lugar, es verdad que un hombre no le hace ningún daño a otro en caso de que se resista a que invada aquello a lo que no tiene derecho. Pero, en tercer lugar, niego que de ello se siga que se puede, en conformidad con la razón, resistir al poder supremo; porque aunque tal resistencia no perjudique al príncipe o al poder supremo dondequiera que se encuentre, sería un agravio para el Autor de la naturaleza y una violación de Su ley que la razón nos obliga a no transgredir bajo ningún pretexto, como se ha demostrado.

[37]

38.º) Un cuarto error o prejuicio que influye en los adversarios de la no-resistencia proviene del temor natural a la esclavitud, las cadenas y los grilletes, que les inspira una aversión por cualquier cosa que, incluso metafóricamente, caiga bajo esas denominaciones. De ahí que clamen contra nosotros que queremos privarlos de su libertad natural, que estamos forjando cadenas para la humanidad, que estamos a favor de esclavizarlos y cosas semejantes. Pero por dura que pueda parecer la sentencia, es sin embargo muy cierto que nuestros apetitos, incluso los más naturales como el de la comodidad, la abundancia o la vida misma, deben estar encadenados y engrilletados por las leyes de la naturaleza y la razón. Esta esclavitud, si quieren llamarla así, o sumisión de nuestras pasiones a los decretos inmutables de la razón, aunque puede ser mortificante para la parte sensual o la bestial, estoy seguro de que añade mucho a la dignidad de lo que es específicamente humano en nuestra constitución[60]. Esto me lleva al quinto error fundamental:

39.º) A saber, el malentendido del objeto de la obediencia pasiva. Debemos considerar que cuando un súbdito soporta la insolencia y la opresión de uno o más magistrados armados con el supremo poder civil, el objeto de su sumisión [38] no es, en estricta verdad, otra cosa que la recta razón, que es la voz del Autor de Naturaleza. No se piense que somos tan insensatos como para imaginar que los tiranos están hechos en un mejor molde que los otros hombres; no, ellos son los peores y más viles de los hombres y como tales no tienen el menor derecho a nuestra obediencia. Pero las leyes de Dios y de la naturaleza deben ser obedecidas, y nuestra obediencia a ellas nunca es más aceptable y sincera que cuando nos expone a calamidades temporales.

40.º) Una sexta causa de error en la opinión de aquellos contra los que discutimos es que no distinguen entre la naturaleza de los deberes positivos y negativos. Porque, dicen, ya que se reconoce que nuestra obediencia activa al poder civil supremo es limitada, ¿por qué no se puede pensar lo mismo de nuestro deber de no-resistencia? La respuesta es clara: porque los preceptos morales positivos y negativos no son de la misma naturaleza, los primeros admiten limitaciones y excepciones mientras los segundos no están en absoluto sujetos a ello, como ya se ha probado[61]. Es muy posible que un hombre, al obedecer los mandatos de sus legítimos gobernantes, pueda transgredir alguna ley de Dios contraria a ellos; lo que no es posible que suceda si simplemente se limita, por una cuestión de conciencia, a sobrellevar su mal con paciencia y a no resistir[62]. Y esto proporciona una solución tan satisfactoria y obvia de la dificultad antes mencionada que me sorprende ver que insistan en ello hombres, por lo demás, de buen sentido y razón. Y hasta aquí los motivos y las razones de los adversarios de la no-resistencia.

Procedo ahora al tercer y último tema propuesto, a saber, la consideración de las objeciones formuladas a partir de las pretendidas consecuencias de la no-resistencia.

41.º) En primer lugar se objetará, como consecuencia de la noción de no-resistencia, que debemos creer que Dios, en diversos casos, ha infligido a la parte inocente de la humanidad la necesidad ineludible de soportar los mayores sufrimientos y calamidades sin ningún remedio; lo cual es claramente incompatible con la sabiduría y la bondad Divina y, por tanto, el principio del que procede esa consecuencia no se debe admitir como una ley de Dios o de la naturaleza. En respuesta a esto, advierto que debemos distinguir cuidadosamente entre las consecuencias necesarias y las accidentales de una ley moral. Las primeras son aquellas que la ley tiende a producir por su propia naturaleza y que tienen una conexión indisoluble con la observación de la ley; y, en efecto, si las consecuencias son malas, podemos concluir con justicia que la ley también lo es y por consiguiente que no procede de Dios. Pero las consecuencias accidentales de [39] una ley no tienen una conexión natural e intrínseca con ella ni se derivan estrictamente hablando de su observancia, sino que son el resultado genuino de algo extraño y circunstancial que sucede por estar unido a ella. Y estas consecuencias accidentales de una ley muy buena pueden, sin embargo, ser muy malas; esta maldad de las consecuencias debe imputarse a su causa específica y necesaria y no a la ley, que no tiene ninguna tendencia esencial a producirlas. Ahora bien, aunque debe reconocerse que un legislador infinitamente sabio y bueno constituirá leyes para la regulación de las acciones humanas que tengan por naturaleza una tendencia necesaria e inherente a favorecer el bien común de toda la humanidad, y eso hasta donde lo permitan las circunstancias presentes y las capacidades de la naturaleza humana, negamos, sin embargo, que la sabiduría y la bondad del legislador se vean afectadas, o puedan ser puestas en duda, a causa de los males particulares que surjan necesaria y propiamente de la transgresión de alguna o varias leyes buenas, y sólo accidentalmente de la observancia de otras. Pero es evidente que las diversas calamidades y devastaciones que gobiernos opresores causan en el mundo no son los genuinos efectos necesarios de la ley que ordena una sujeción pasiva al poder supremo ni están comprendidas en su intención original, sino que surgen de la avaricia, de la ambición, de la crueldad, de la venganza y de otros vicios y afecciones desordenadas que surgen en los corazones de los gobernantes[63]. Por lo tanto, no pueden argumentar una falta de sabiduría o de bondad en la ley de Dios, sino una de rectitud en los hombres.

42.º) Tal es el estado actual de las cosas, tan inestables son las voluntades y tan desenfrenadas las pasiones de los hombres, que todos los días vemos infracciones y violaciones manifiestas de las leyes de la naturaleza, las cuales –siendo siempre cometidas en favor de los malvados– sin duda deben ir acompañadas a veces de grandes inconvenientes y sufrimientos para aquellos que, por una firme adhesión a Sus leyes, se esfuerzan por ser aprobados a los ojos de su Creador. En suma, no existen reglas morales, ni siquiera las mejores, que no puedan exponer a los hombres buenos a grandes sufrimientos e infortunios; esto es necesariamente el resultado de la iniquidad de aquellos con los que tienen que tratar, y sólo accidentalmente se deriva de las propias reglas buenas[64]. Y así como, por un lado, sería incompatible con la sabiduría de Dios, al hacer que los infractores sufran las represalias del engaño, el perjurio o cualquier otra cosa, castigar una transgresión con otra, así, por otro lado, sería incompatible con Su justicia dejar que el bueno y el inocente se sacrificaran sin esperanza por el malvado. Por eso Dios ha designado un día de recompensa en otra vida, y en esta tenemos Su gracia y una buena conciencia como apoyo[65]. En consecuencia, no debemos quejarnos de las leyes divinas ni mostrar contrariedad o impaciencia por los sufrimientos transitorios a los que accidentalmente nos exponen, los cuales, aunque molestos para la carne y la san-

[40]

gre, parecerán sin embargo de corta duración si compara-
mos la pequeñez y fugacidad de este mundo presente con
la gloria y la eternidad del siguiente.

43.º) A partir de lo que se ha dicho, pienso que está claro
que la doctrina enunciada de la no-resistencia está a salvo,
por muy grandes que sean los males imaginables que pueda ocasionar. Pero quizá, tras un examen riguroso, se encontrará que son mucho menos graves de lo que muchos
suponen. Los efectos dañinos que se atribuyen a esa doctrina pueden reducirse a estos dos puntos. En primer lugar,
que constituye un incentivo para que todos los gobernantes se conviertan en tiranos por la posibilidad que les da de
impunidad o de no-resistencia. En segundo lugar, que hace
más insoportable y violenta la opresión y la crueldad de los
tiranos al impedir toda oposición y, por consiguiente, toda
posibilidad de reparación. Consideraré cada uno de estos
puntos por separado. En cuanto al primer punto, o se supone que los gobernantes son hombres buenos o que son
malos. Si son buenos, no hay temor de que se conviertan
en tiranos. Y, si son hombres malvados, es decir, tales que
posponen la observancia de las leyes de Dios para la satisfacción de sus propias concupiscencias, entonces no puede
ser ninguna garantía para ellos que otros seguirán rigurosa-
mente aquellos preceptos morales que ellos mismos son
tan propensos a transgredir.

44.º) En verdad es una violación de la ley de la naturaleza
que un súbdito, aunque se encuentre bajo los mayores y
más injustos sufrimientos, levante su mano contra el poder
supremo. Pero es una violación más abominable e inexcu-

sable de dicha ley que las personas investidas con el poder supremo usen ese poder para la ruina y destrucción del pueblo confiado a su cargo. ¿Qué incentivo, entonces, puede tener un hombre para pensar que otros no serán empujados a cometer un crimen por el fuerte instinto implantado en ellos de autoconservación, cuando él mismo comete un crimen más brutal y antinatural, quizá sin provocación alguna? ¿O se puede imaginar que los que diariamente quebrantan las leyes de Dios por un pequeño beneficio o un placer pasajero no serán tentados, por amor a la propiedad, la libertad o la vida misma, a transgredir ese único precepto que prohíbe la resistencia al poder supremo?

45.º) Pero se cuestionará, ¿con qué propósito, entonces, se predica y se prueba este deber de no-resistencia y para qué se recomienda su práctica si con toda probabilidad cuando las cosas lleguen al extremo los hombres nunca lo cumplirán? Respondo que con el mismo propósito con que se predica cualquier otro deber. Porque, ¿qué deber existe que muchos, demasiados, por una u otra razón no puedan ser persuadidos a transgredir? Los moralistas y los teólogos no predican los deberes de la naturaleza y la religión con el fin de que la humanidad los cumpla perfectamente; saben que esto no va a suceder. Pero, con todo, nuestros esfuerzos son recompensados si podemos hacer que los hombres sean menos pecadores de lo que lo serían sin esa prédica, al oponer la fuerza del deber a la del interés presente y la pasión podemos vencer algunas tentaciones y contrarrestar otras, aun cuando las más poderosas permanezcan invencibles. [41]

46.º) Pero concediendo que aquellos que están investidos con el poder supremo tienen la absoluta seguridad de que ningún trato cruel y bárbaro podría provocar la rebelión de sus súbditos, creo, sin embargo, que se podría cuestionar justamente si tal seguridad los induciría a cometer más o mayores actos de crueldad que lo que podrían hacer la envidia, la desconfianza, la sospecha y la venganza en un estado menos seguro. Y hasta aquí la consideración del primer punto, a saber, que la doctrina de la no-resistencia es un incentivo para que los gobernantes se conviertan en tiranos.

47.º) El segundo efecto dañino que se le atribuyó a la doctrina es que hace más insoportable y violenta la opresión y la crueldad de los tiranos, al impedir toda oposición y, en consecuencia, todos los medios de reparación. Pero si las cosas se consideran correctamente, se verá que reparar por la fuerza los abusos del gobierno es, en el mejor de los casos, un intento muy peligroso y que a menudo pone al pueblo en un estado peor que el que tenía antes. Porque, o bien se supone que el poder de los rebeldes es insignificante y fácil de aplastar, lo que entonces puede inspirar en los gobernantes arrogancia y crueldad. O bien, en caso de que se suponga que su poder es tan considerable como para hacer frente al poder supremo sostenido por el tesoro público, las fortalezas y los ejércitos, y que la nación entera está comprometida en una guerra civil, los efectos seguros de esto serán la rapiña, el derramamiento de sangre, la miseria y el desorden para todas las clases y todos los grupos de hombres, y serán mayores y mucho más insoportables que los que se hayan conocido bajo la tiranía más absoluta y severa sobre la tierra. Y puede ser que después de muchas

matanzas de una y otra parte, el partido rebelde prevalezca. Y si prevalece para destruir al gobierno existente, puede
ser que lo sustituya por uno mejor o que lo ponga en mejores manos. ¿Y no puede suceder esto sin el costo, el esfuerzo y la sangre de la guerra? ¿No está el corazón de un príncipe en las manos de Dios? ¿No puede Él, en consecuencia,
darle un sentido correcto de su deber o, si no, no puede
llamarlo del mundo por enfermedad, accidente o por la   [42]
mano de algún rufián desesperado y enviar a otro mejor en
su lugar?[66] Cuando hablo de una monarquía quiero que se
comprenda que me refiero a todos los tipos de gobierno,
donde sea que se aloje el poder supremo. En general, creo
que podemos estar de acuerdo con el filósofo pagano que
pensó que la función del sabio era no intentar nunca el
cambio de gobierno por la fuerza, cuando no se podía mejorar sin la matanza y el destierro de sus compatriotas, sino
que debía quedarse quieto y rezar por mejores tiempos.[67]
Porque esta vía puede funcionar y la otra puede no hacerlo;
hay incertidumbre en los dos casos. La diferencia es que
por la vía de la rebelión estamos seguros de aumentar las
calamidades públicas, al menos por un tiempo, aunque no
estamos seguros de disminuirlas para el futuro[68].

48.º) Pero aunque se reconozca que en general se debe recomendar la sumisión y la paciencia, los hombres seguirán
siendo propensos a cuestionarse si los casos extraordinarios no requieren medidas extraordinarias; y, en consecuencia, ¿en caso de que la opresión sea insoportable y
la posibilidad de liberación segura, no se podría permitir la
rebelión? Respondo que de ninguna manera. El perjurio o
violación de la fe puede, en algunos casos, traer grandes

ventajas a una nación al liberarla de condiciones incompatibles con su libertad y con su bienestar público. Del mismo modo el adulterio puede, al conseguir un heredero nacional, evitar que un reino caiga en manos de un poder extranjero, lo que con toda probabilidad sería su ruina. Sin embargo, ¿dirá algún hombre que la naturaleza extraordinaria de esos casos puede anular el crimen del perjurio y el adulterio?[69]. Esto es lo que no supondré. Pero se ha mostrado que la rebelión constituye un crimen contra la naturaleza y la razón tan grave como cualquiera de los dos anteriores; por lo tanto, no puede justificarse bajo ninguna circunstancia, no más que los otros.

[43]

49.º) ¡Qué! ¿Tenemos entonces que someter nuestros cuellos a la espada? ¿Y no hay ayuda ni refugio contra la tiranía extrema establecida por la ley? En respuesta a esto declaro, en primer lugar, que no hay que temer que hombres en su sano juicio busquen la destrucción de su pueblo mediante decretos tan crueles y antinaturales como algunos se atreven a suponer. En segundo lugar, afirmo que en caso de que lo hicieran los magistrados subordinados ciertamente no podrían, más aún, no deberían, en obediencia a esos decretos, actuar de manera contraria a las leyes expresas de Dios[70]. Y tal vez, consideradas todas las cosas, se pensará que presentar a los ministros del poder supremo esta limitación de su obediencia activa por las leyes de Dios o de la naturaleza como un deber puede resultar, en los casos extravagantes que hemos supuesto, no menos eficaz para la paz y la seguridad de una nación que predicar al pueblo el poder de la resistencia.

50.º)[71] Además, probablemente se objetará, como un absurdo de la doctrina de la obediencia pasiva, el hecho de que le impone a los súbditos una sumisión ciega y absoluta a los decretos de otros hombres, lo cual es impropio de la dignidad y la libertad de agentes razonables, quienes ciertamente deben rendir obediencia a sus superiores pero debe ser una obediencia racional, como la que surge de un conocimiento de la equidad de las leyes y de su tendencia a promover el bien público. A lo que respondo que es muy poco probable que un gobierno se vea afectado por no tener sus leyes inspeccionadas y enmendadas por aquellos que no están autorizados legalmente a participar en la administración de asuntos de esa naturaleza. Y hay que confesar que el grueso de la humanidad, por sus circunstancias y sus ocupaciones, está tan poco cualificado para juzgar tales asuntos que debe necesariamente rendir una deferencia absoluta a unos u otros, ¿y a quiénes más propiamente que a los que están investidos del poder supremo?

51.º) Hay otra objeción contra la sumisión absoluta que no debería mencionar si no fuera porque encuentro que insisten en ella hombres de gran reputación como Grotius y Pufendorf[72], quienes piensan que nuestra no-resistencia debe ser evaluada por la intención de los primeros que formaron la sociedad. Ahora bien, dicen ellos, si suponemos que la pregunta que se les planteó es si se proponían poner a cada súbdito en la necesidad de elegir la muerte en lugar de resistir en todo caso a la crueldad de sus superiores, no se puede imaginar que respondieran afirmativamente. Pues esto sería ponerlos en una condición peor que la que se esforzaban por escapar al entrar en sociedad. Porque aunque

[44]

antes estaban expuestos a las injurias de muchos, tenían sin embargo el poder de resistirlas. Pero ahora están obligados a soportar, sin resistencia alguna, los mayores daños de aquellos a quienes han armado con su propia fuerza. Lo que es mucho peor que el estado anterior, como sufrir una ejecución es peor que el peligro de una batalla. Pero (dejando de lado todas las demás excepciones a las que puede dar lugar este método de argumentar) es evidente que es mejor que un hombre esté expuesto a los decretos absolutos e irresistibles, aunque sea de una sola persona —cuyo verdadero interés, el suyo y el de su descendencia, es mantenerlo en paz y abundancia y protegerlo de las injurias de toda la humanidad—, que permanecer como una presa fácil del odio y la avaricia de todo hombre malvado sobre la tierra, que o bien lo supera en fuerza o bien se aprovecha de él. La verdad de esto se confirma tanto por la experiencia constante de la gran mayoría de los pueblos como por lo que ya hemos observado sobre la anarquía y la incompatibilidad de tal estado con el modo de vida que requiere la naturaleza humana. Por consiguiente, está claro que la última objeción mencionada se basa en una suposición falsa, *a saber,* que los hombres, al abandonar el estado natural de anarquía por el de no-resistencia y obediencia absoluta al gobierno, se pondrían ellos mismos en una condición peor de la que estaban antes.

52.º) La última objeción a la que prestaré atención es que de acuerdo con la doctrina expuesta, en la que no se permiten excepciones ni limitaciones, parecería seguirse que los hombres están obligados a someterse sin la menor oposición a los usurpadores, o incluso a los locos, que ostentan la autoridad suprema. Esto es una idea tan absurda y repugnante al sentido común que justificadamente se puede poner en duda el fundamento sobre el que se erige. Ahora bien, para aclarar este punto observo que la limitación de los deberes morales se puede entender en un doble sentido, ya sea, en primer lugar, como una distinción aplicada a los términos de una proposición, por la cual lo que antes se expresaba de manera muy general se limita a una acepción particular; y esto, en verdad y en estricto sentido, no es tanto limitar el deber como definirlo. O, en segundo lugar, [45] puede entenderse como la suspensión de la observación de un deber a fin de evitar algún inconveniente extraordinario, y de ese modo limitar la observación a determinadas circunstancias. Y sólo en este último sentido hemos mostrado que los deberes negativos no admiten limitación. Habiendo expresado este comentario, doy la siguiente respuesta a la objeción. A saber, que en virtud del deber de no-resistencia no estamos obligados a someter nuestras vidas y fortunas al juicio de hombres locos, o de todos aquellos que por astucia o violencia se apoderen del poder supremo; porque es evidente que el objeto de la sumisión impuesto a los súbditos por la ley de la naturaleza está, por definición, limitado de modo que excluye tanto a unos como a otros. Lo cual no voy a probar porque creo que nadie lo ha negado. Ni tampoco añadir límites al objeto de nuestra obediencia limita en modo alguno el deber mismo, si nos atenemos al sentido de nuestra objeción.

53.º)[73] En moral, las reglas eternas de acción tienen la misma verdad universal e inmutable que las proposiciones en geometría. Ninguna de ellas depende de circunstancias o accidentes, siendo verdaderas en todo momento y en todo lugar sin limitación ni excepción. *No resistirás al poder supremo civil* es una regla no menos constante e invariable para modelar el comportamiento de un súbdito hacia el gobierno que *multiplicar la altura por la mitad de la base* lo es para medir un triángulo. Y así como no se pensaría restarle valor a la universalidad de esta regla matemática por no medir con exactitud un campo que no fuera un triángulo perfecto, no se debería considerar como un argumento en contra de la universalidad de la regla que prescribe la obediencia pasiva el hecho de que no se ponga en práctica en todos los casos en que un gobierno es desestabilizado o el poder supremo disputado. Debe haber un triángulo y debes usar tus sentidos para conocerlo, antes de que haya lugar para aplicar tu regla matemática. Y debe haber un gobierno civil y debes saber en manos de quién se encuentra, antes de que tenga lugar el precepto moral. Pero cuando se ha determinado el poder supremo, no debemos dudar de nuestra sumisión a él más de lo que dudaríamos de la manera de medir una figura que sabemos que es un triángulo[74].

54.º) En los diversos cambios y fluctuaciones de gobierno, es imposible evitar que en ciertos momentos surjan controversias sobre la sede del poder supremo. Y en tales casos no se le puede negar a los súbditos la libertad de juzgar por sí mismos o de tomar partido por unos y oponerse a otros, según su mejor juicio; todo esto es compatible con una exacta observancia de su deber, con tal de que, cuando la constitución sea clara en este punto y el objeto de su sumisión indiscutible, ningún pretexto de interés, de amistad o de bien público pueda hacerlos apartarse de

[46]

ella. En resumen, se reconoce que el precepto que ordena la no-resistencia se limita a objetos particulares, pero no a circunstancias particulares. Y en esto es como en todos los otros deberes morales negativos que, considerados como proposiciones generales, admiten limitaciones y restricciones con el objetivo de definir con precisión el deber; pero lo que una vez se reconoció como un deber de esta clase no puede convertirse nunca en uno diferente por un efecto, circunstancia o evento cualquiera, sea bueno o malo. Y, en verdad, si no fuera así, si no existieran reglas generales inflexibles, sino que todos los deberes tanto negativos como positivos pudieran ser eximidos y deformados para servir a intereses y circunstancias particulares, sería el fin de toda moral.

55.º) Por lo tanto, es evidente que así como la observancia de cualquier otra ley moral negativa no debe limitarse a aquellos casos en los que puede producir efectos benéficos, tampoco la observancia de la no-resistencia debe limitarse de manera que cualquier hombre pueda transgredirla legítimamente cada vez que, a su juicio, lo requiera el bien público de su país. Y es con respecto a esta limitación por los efectos por lo que hablo de la no-resistencia como de un deber absoluto, incondicional e ilimitado. El cual inevitablemente debe ser admitido a menos que pueda probar una de estas tres cosas: o, en primer lugar, que la no-resistencia no es un deber moral. O, en segundo lugar, que los otros deberes morales negativos están limitados por los efectos. O, por último, que hay algo peculiar en la naturaleza de la no-resistencia, que la somete necesariamente a una limitación que ningún otro deber moral negativo puede admitir. Si no me equivoco, se ha establecido claramente lo contrario para cada uno de estos puntos.

56.º) Ya he repasado brevemente las objeciones extraídas de las consecuencias de la no-resistencia, que constituía el último tema general que me propuse tratar. Al plantear este y los otros puntos me he esforzado por ser tan completo y claro como lo permite la extensión habitual de estos discursos, y por considerar en todo momento el argumento con la misma imparcialidad con la que habría considerado cualquier otro campo del conocimiento general, estando verdaderamente convencido de que los hombres, en tanto que cristianos, no están obligados a la práctica de ningún deber moral que no pueda soportar la prueba más severa de la razón.

Consejo a los tories que han prestado los juramentos

Introducción

El *Consejo a los tories que han prestado los juramentos* se escribió en un contexto social y político marcado todavía por la deposición del rey Jacobo II (en inglés James y en latín Jacobus) tras la llamada Revolución Gloriosa de 1688. Al ser derrocado, el monarca huyó a Francia con su corte, que fue muy frecuentada por aristócratas, soldados, políticos leales, líderes inconformes y disidentes religiosos. A todas las personas que lo apoyaban dentro y fuera del Reino Unido, así como a sus descendientes, se les llamó jacobitas. Durante los sesenta años posteriores a la Revolución hubo cinco grandes intentos de los jacobitas, todos fallidos, por restaurar en el poder a Jacobo II y/o a su linaje de la casa Estuardo.

El primer intento fue encabezado por el propio Jacobo en marzo de 1689, inmediatamente después de haberse consumado la Revolución y al poco tiempo de la coronación de su hija María y su yerno Guillermo de Orange. El segundo intento fue liderado por el hijo de Jacobo –Jacobo

Francisco Eduardo Estuardo conocido como el Viejo pretendiente o Jacobo III de Inglaterra y VIII de Escocia–, cuya expedición partió de Francia y pretendió desembarcar una flota de barcos en Escocia en marzo de 1708, pero el mal clima y la marina real lo impidieron. El tercer intento fue encabezado por John Erskine, VI conde de Mar, y duró de septiembre a noviembre de 1715. El cuarto intento inició en marzo de 1719, fue apoyado por los escoceses de las tierras altas y por España a través de la figura del cardenal Giulio Alberoni, pero fue sofocado en junio del mismo año. El último intento se dio entre julio de 1745 y abril de 1746 y fue dirigido por Carlos Eduardo Estuardo, conocido como el «joven pretendiente».

El movimiento jacobita se extendió, por tanto, desde 1688 hasta la segunda mitad del siglo XVIII, periodo en que los jacobitas representaron una alternativa real para ocupar la corona británica; sin embargo, tras varios intentos fallidos por restaurar la casa Estuardo, el movimiento fue perdiendo adeptos hasta que dejó de ser una verdadera fuerza política. Para finales del siglo XVIII, el rey Jorge III de la casa Hannover decidió otorgar a modo de recompensa una pensión al último pretendiente de la restauración: el cardenal Enrique Estuardo, duque de York e hijo menor de Jacobo III.

En este contexto político y social[1], exacerbado por la disputa entre los Estuardo y los Hannover, Berkeley volvió a Inglaterra de su primer viaje por Italia y Francia. Su regreso fue en agosto de 1714, es decir, pocos días después de la muerte de la reina Ana, última monarca Estuardo fallecida el 1 de agosto de ese año. Este importante suceso, sumado al monopolio del poder por parte del partido Whig, hizo que muchos tories –contrarios desde un principio a la Declaración de Exclusión (*Exclusion Bill*) de 1679 para que Jacobo no sucediera en el trono a su hermano Carlos II– participaran en intrigas con los partidarios del monarca depuesto. El movimiento jacobita fue fuerte en Escocia y Gales por motivos dinásticos, mientras que en Irlanda lo fue por cuestiones religiosas, por lo que católicos e incluso tories anglicanos fueron mayoritariamente jacobitas. En el caso de estos últimos, el ser jacobitas se debió a que tenían dudas sobre la legalidad de la deposición del rey, mientras que los católicos lo fueron porque tenían puestas sus esperanzas, por su fe católica, en el rey destronado (Jacobo II) y en sus descendientes, es decir, en su hijo Jacobo Francisco Eduardo Estuardo (Jacobo III) y posteriormente en el hijo de este, Carlos Eduardo o el «joven pretendiente».

La tensa situación que se vivía se agravó aún más con el tercer intento de restauración, cuando en 1715 Jacobo III y John Erskine lideraron una revuelta de escoceses y de tropas inglesas en un intento por reclamar la corona británica para los Estuardo. Muchos miembros tories simpatizaron con la revuelta, pero Berkeley, aunque simpatizaba con los tories (hay que recordar que *Obediencia pasiva* fue visto por algunos como un escrito que expresaba la ideología de ese partido), se opuso a la rebelión jacobita[2]; por eso mismo quiso probar su lealtad a la corona de los Hannover publicando en 1715 su *Consejo a los tories que han prestado los juramentos*. El escrito sigue la línea trazada tres años antes en *Obediencia pasiva,* por lo que, al igual que en esa obra, en el *Consejo* aparecen ciertos aspectos utilitaristas y pragmáticos. En esta ocasión, sin embargo, el objetivo que se plantea el autor es hacerle ver a los tories —dice él mismo que desde una perspectiva más bien cristiana y no política, es decir, dejando de lado intereses particulares— que están equivocados quienes creen que la lealtad a la Iglesia de Inglaterra exige que sean jacobitas. Contrario a esto, Berkeley justifica a quienes abjuraron del Pretendiente (en ese momento Jacobo III) y prestaron juramento al rey Jorge I de la casa Hannover, porque no llegó al trono mediante la fuerza, sino en cumplimiento con las leyes, afirma el filósofo. Bajo esa premisa, le recuerda a los tories a modo de petición o súplica que un juramento se debe cumplir porque es algo sagrado; por lo mismo, violarlo y apostar por la rebelión es no sólo injurioso para la Iglesia sino, peor aún, «un insulto a la Deidad misma».

El *Consejo a los tories* fue impreso de manera anónima por R. Baldwin en 1715 en Londres y fue vendido por R. Burleigh en Amen-Corner a un precio de tres peniques[3]. Berkeley no volvió a publicarlo en vida. La obra no aparece en la edición de Fraser porque la descubrió Theodor Lorenz, quien la publicó en 1901 en la revista *Archive für Geschichte der Philosophie*[4].

La versión del *Consejo* que incluyeron Luce y Jessop en su edición de las obras de Berkeley es la publicada por Lorenz y que aquí denomino edición 'B', mientras que a la primera versión que salió a la luz en 1715 la llamo 'A'. Los cambios y/o modificaciones entre una y otra edición son anotados a pie de página.

Consejo a los tories que han prestado los juramentos

En dextra, sidesque![1]

VIRGILIO

La maldad de los tiempos ha sido una justa queja en todas las épocas, la pasión siempre ha sido poderosa y ha estado del lado del vicio, que es el mayor enemigo de la religión. Pero en la época actual, el vicio y el escepticismo unen sus fuerzas para destruir al cristianismo. Si los hombres eran malvados en tiempos pasados, su maldad estaba acompañada de remordimiento y vergüenza. Pero ahora son abierta y osadamente malvados por principio, y se esfuerzan por apoyarse en argumentos y en el ejemplo general de la época. Cualquiera que sea la causa de este incremento de la impiedad, el celo que ustedes expresan en todo momento por la Iglesia me anima a pensar que no faltarán sus esfuerzos para ponerle fin; al menos es de esperar que ustedes mismos evitarán ser un instrumento para la propagación de un mal tan grande.

Hay dos cosas que influyen en los hombres con respecto a la religión: un sentido de su verdad y un sentido de su utilidad. La primera de ellas sólo puede afectar a quienes son realmente cristianos. La segunda puede tener una influencia más amplia y hacer que incluso los infieles rindan un respeto externo a aquello de lo que consideran que depende el bienestar común. En la misma proporción en que ustedes le restan importancia a cualquiera de estas cuestiones, le hacen un daño evidente a la religión. Pero ser culpable en cualquier momento de sedición o rebelión contra ese Soberano al que han jurado lealtad[2], contribuirá mucho a que ambos, religión y soberano, pierdan su fuerza en las mentes de los hombres. Porque si la religión cristiana no restringe a los hombres de acciones malvadas, como el fraude, la violencia, el perjurio y otras parecidas, ¿cómo puede ser útil para la humanidad? O si lo hace, ¿cómo pueden pretender creer en ella y al mismo tiempo actuar en oposición directa a sus preceptos? ¿Y qué pensamientos estarán tentados a tener otros hombres de la religión cuando sus grandes defensores muestran que no creen en nada de lo que defienden?

[54]

No tengo una opinión tan mala de ustedes, ni una tan buena de sus adversarios, como para creer todo lo que informan en detrimento suyo. Pero como ahora existe el rumor [*discourse*] general y la sospecha de que muchos de ustedes, que están obligados por los juramentos más solemnes a ser verdaderos y fieles súbditos del Rey Jorge[3], se esfuerzan, en contra de esos juramentos, por socavar su Gobierno e introducir a la persona de la que han abjurado, pensé que era mi deber disuadirlos de una práctica tan infame, no con la intención de establecer una injuria, sino de eliminar la causa de la misma, si es que hay alguna de su parte, o, si no la hay, de evitar que sean incitados a merecerla por las censuras inmerecidas y los reproches de sus enemigos.

Aquellos de entre ustedes que permanecen firmes a la lealtad que han jurado no pueden estar disgustados de que me esfuerce por hacer que otros sean como ustedes; y si este pedazo de papel cae en manos de alguno que haya traicionado la fe, el honor y la religión, su propia conciencia será la mejor justificación para hacerlo público. Por lo tanto, procederé a exponer ante ustedes –no como un político que está siguiendo un esquema privado para el interés de cualquier príncipe o ministro, sino como un cristiano que entiende el avance y el honor de la religión– las malas consecuencias que la violación de sus juramentos parece tener sobre esa Iglesia por cuyo interés profesan tan grande preocupación.

Está claro, entonces, que la violación pública y declarada de sus juramentos sería la mayor injuria para la Iglesia, a tal grado que sería destructiva para toda religión. Si los juramentos ya no se consideran sagrados, ¿qué suficiente restricción se puede encontrar para las inclinaciones irregulares de los hombres? La fe mutua común es el gran apoyo de la sociedad; y un juramento, que es la mayor obligación para mantener nuestra fe inviolada, se convierte en el gran instrumento de la justicia y la comunicación entre los hombres. Por lo tanto, cualquier cosa que mengüe la santidad o autoridad de un juramento debe ser reconocida al mismo tiempo como altamente perjudicial tanto para la Iglesia como para la República [*Commonwealth*][4].

Los hombres, al ocultar otros crímenes, pueden prevenir [55] el escándalo de estos, pero el perjurio de aquellos que intentan subvertir el gobierno es un crimen declarado y abierto. Otros crímenes pueden admitir cierta atenuación, ya sea debido a la insignificancia de su objeto o a la debilidad que acompaña a su comisión; pero este es un crimen de la peor naturaleza, no sólo porque afecta a la persona del príncipe bajo cuya protección vivimos, sino porque es –de una manera peculiar, por encima de otros crímenes– un insulto a la Deidad misma. El perjurio al Estado no brota de un súbito arrebato de pasión; no es un vicio sensual al que uno es estimulado por la fragilidad de la carne. Es un crimen deliberado y frío y muestra una firme resolución de hacer el mal sin considerar a Dios o al hombre.

En efecto, puede parecer innecesario usar más argumentos para convencerlos o bien de que la causa de la virtud y la religión es probable que sufra por la práctica común del perjurio y el incumplimiento de la fe, o bien de que el interés de la Iglesia es inseparable del interés de la religión. Pero insistiré todavía más en un punto que, por muy claro que sea, no es muy atendido. No se puede negar que el interés visible de la Iglesia depende de su crédito y reputación, que los hombres tenderán a medir por la reputación de los que se levantan más celosamente en su defensa. Por consiguiente, si ustedes, que se pensaría que son verdaderos hijos de la Iglesia y ardientes defensores de sus privilegios, perdieran su propio crédito por la perfidia y el perjurio, ¿cuán grande mancha arrojarán sobre ella? ¿Cuánto ha de menguar el honor de la Iglesia de Inglaterra en la opinión de aquellos de entre nosotros que ya difícilmente son cristianos, cuando ven que se practican las inmoralidades más ruines para promover el interés de ella? Hay demasiados que no pueden o no quieren esforzarse en inquirir los méritos de la causa, sino que juzgando sólo por las apariencias se formarán, a partir de las vidas de los clérigos, su idea de la Iglesia misma. Por eso consideren el descrédito que generan –y hasta qué punto participan de la culpa de estos hombres, a quienes incitan y endurecen en su desprecio a la Iglesia– al hacer de ella un pretexto para la hipocresía y la prevaricación.

Además, deben reflexionar que los males de la rebelión son seguros, pero el desenlace incierto; y considerando las desventajas que los rebeldes deben enfrentar, deberían con razón esperar lo peor. Por eso, en caso de una derrota, ¿qué cuartel deben esperar, no diré para ustedes mismos, sino para esa Iglesia cuyo interés pretenden entrelazar con el suyo? Una cosa es evidente, que si los dirigentes de los whigs[5] son lo que para muchos de ustedes representan ser, desafectos a la Iglesia de Inglaterra, entonces tendrán el mejor pretexto, así como la mejor oportunidad, para destruirla. Se puede pensar que es necesario obligar a quienes se llaman a sí mismos el Partido de la Iglesia con algo más fuerte que los juramentos. *Dicta nihil metuere, nihil perjuria curant*[6]. Y con la misma iniquidad con la que el nombre de la Iglesia fue usado para santificar las acciones malvadas de sus hijos, puede que la maldad de estos sea usada para lanzar un odio sobre ella. Esto es *argumentum ad hominem*[7] y debería influir en aquellos de entre ustedes que están ansiosos por pensar lo peor de sus adversarios. Qué pensamientos o resoluciones puedan tener los whigs con respecto a la Iglesia no lo sé, pero estoy seguro de que le causan las heridas más profundas quienes la deshonran con su amistad, quienes se pensarían celosos de promover su interés al mismo tiempo que niegan su poder en sus vidas y prácticas.

Lo que a los ojos de la razón da a una iglesia o religión la ventaja sobre otras es la influencia que tiene en las vidas de quienes la profesan. Es sobre esta base que la Iglesia de In-

[56]

glaterra –siempre defendiendo la causa de la virtud, la lealtad y todas las cosas laudables, en oposición a libertinos, rebeldes y fanáticos– ha mantenido su crédito y estima entre los hombres sabios; y si realmente nos preocupa apoyar su honor, la manera correcta es poner en práctica sus principios, ser fieles a nuestros juramentos y compromisos y vivir en todos los aspectos como corresponde a súbditos pacíficos y leales. Los disidentes han sido por mucho tiempo estigmatizados como hombres sin lealtad que no actúan por principios, sino que se rigen por las opiniones estrechas e inconstantes de la pasión y el interés. ¿Pero no será el sátiro doblemente agudo con nosotros si siempre se nos encuentra culpables de aquellas mismas cosas que tan fervientemente condenamos en otros?

No es tarea fácil descubrir las evasiones en un caso tan claro; y, sin embargo, difícilmente se puede suponer que un hombre que tenga algún sentido de la religión cometa perjurio sin alguna reserva [*salvo*] a su conciencia. Tal vez ustedes dirán que si nunca es lícito para un súbdito romper su juramento de lealtad al rey, entonces la Revolución[8] no puede justificarse. O si algunas veces se puede permitir, ¿por qué no ahora como entonces? Respondo que cuando alguna persona, por renuncia o abdicación, pierde el dominio, ya no es soberana. Ahora bien, el súbdito juró lealtad al soberano y no a la persona. Por lo tanto, cuando la persona deja de ser soberana, cesa la lealtad que se le debe y por supuesto el juramento que le obliga. A juicio de la mayoría de los hombres este fue el caso en la Revolución[9]. Pero nada de esto se puede pretender ahora. El rey Jorge[10] administra legalmente ese gobierno al que llegó con el consentimiento y las aclamaciones conjuntas de su pueblo, no

[57]

se ha hecho nada por lo que sea menos rey ahora de lo que era en el momento en que le juraron y, en consecuencia, no puede haber ningún paralelismo entre la Revolución y el caso actual. No intentaré justificar todo lo que se hace ahora en materia de política; pero tampoco medidas impolíticas justificarán que los súbditos den los mismos pasos que antes en razón de medidas ilegales. Una cosa es subvertir un Estado y otra hacer desaparecer un ministerio.

Si tienen la audacia de objetar que el rey Jorge no es en verdad legítimo rey y que por tanto no están obligados a rendirle obediencia, pregunto, ¿cómo entonces llegaron a reconocerlo y a jurar por él como legítimo rey? Seguramente estarán avergonzados de admitir que al hacerlo actuaron en contra de su opinión, o que desde entonces se les han abierto los ojos por la desgracia de amigos o la pérdida de un empleo. Pero aunque debamos conceder que originalmente no tenía derecho a la corona, cuando un príncipe está en posesión de ella y ustedes le han jurado lealtad ya no están en libertad de inquirir por qué medios ilícitos pudo haberla obtenido. Pero no hay nada de lo que haya que sospechar en el presente caso, ya que es sabido por todos que el rey Jorge obtuvo la corona sin la fuerza o el engaño, simplemente en conformidad con las leyes del país y la petición unánime de su pueblo.

Determinar los derechos del príncipe es un asunto difícil, ya que requiere más habilidad en las leyes, más conocimiento de los hechos particulares, más ocio y más entendimiento de lo que la mayoría de los hombres posee. Pero es una tarea fácil conocer la obligación y el sentido claro de un juramento. Evidentemente ustedes saben que han jurado al Rey Jorge y abjurado del Pretendiente y que no deben perjurar[11].

¿Pero saben con la misma evidencia que el derecho hereditario es preferible al parlamentario y que el derecho hereditario pertenece al Pretendiente? Si no lo saben, como estoy seguro de que no pueden, ¿por qué quieren violar las obligaciones claras y manifiestas de la religión, bajo el pretexto de observar lo que en el mejor de los casos no es sino oscuro y dudoso? Pero aunque el derecho del Pretendiente a la corona nunca estuviera tan claro, no por eso estaría claro que ustedes deban ayudarlo. Por el contrario, estaría claro que no deberían porque han jurado que no lo harían.

[58]

Debo repetirles que lo que se ha dicho no se hizo con la intención de difundir o confirmar los informes de sus adversarios, sino sólo de contribuir, tanto como pueda, a eliminar o impedir cualquier ocasión de ellos. Mucho menos fue mi intención insinuar algo deshonroso del clero, por cuya reputación tengo un gran respeto y que verdaderamente considero que ha sido injuriado por los informes de hombres vehementes. No diré más, salvo que los dejo considerar los juramentos que han prestado.

[59]

El juramento de lealtad

Yo, A. B.[12], juro que guardaré fe y verdadera lealtad a Su Majestad el Rey Jorge. Que Dios me ayude[13].

El juramento de abjuración[14]

Yo, A. B, reconozco, profeso, testifico y declaro verdadera y sinceramente, en mi conciencia, ante Dios y el mundo, que nuestro soberano señor el Rey Jorge es legal y legítimo rey de este reino y de todos los demás dominios y países de Su Majestad que le pertenecen; y declaro solemne y sinceramente que creo en mi conciencia que la persona que pretendió ser Príncipe de Gales durante la vida del difunto Rey Jacobo, y desde su fallecimiento pretende ser y tomar sobre sí mismo el nombre y título de Rey de Inglaterra con el nombre de Jacobo III[15], no tiene ningún derecho o título a la corona de este reino ni a ningún otro de los dominios que le pertenecen. Y renuncio, rechazo y abjuro de cualquier lealtad u obediencia a él. Y juro que guardaré fe y verdadera lealtad a Su Majestad el Rey Jorge y lo defenderé hasta el límite de mi poder contra todas las conspiraciones traidoras y los intentos cualesquiera que se hagan contra su persona, corona o dignidad; y haré mi mayor esfuerzo para revelar y hacer saber a Su Majestad y a sus sucesores todas las traiciones y conspiraciones traidoras que conozca contra él o contra cualquiera de ellos. Y prometo fielmente, hasta el límite de mi poder, apoyar, mantener y defender la limitación y sucesión de la corona contra el mencionado Jacobo y contra cualesquiera otras personas, cuya sucesión, por una ley titulada «Ley para la mayor limitación de la corona y para asegurar mejor los derechos y libertades del súbdito»[16], está limitada a la Princesa Sofía, electora y duquesa viuda de Hanover, y a los herederos de su persona, que son protestantes. Y todo esto lo reconozco y juro clara y sinceramente, de acuerdo con estas palabras expresas por mí pronunciadas y de acuerdo con el sentido claro y común y [*sic*] la comprensión de las mismas palabras, sin ninguna equivocación, evasión mental o reserva secreta cualquiera. Y hago este reconocimiento, confesión, abjuración, renunciación y promesa de corazón, voluntaria y sinceramente, sobre la verdadera fe de un cristiano.

Con la ayuda de Dios.

Un ensayo para prevenir la ruina de Gran Bretaña

Introducción

La publicación de *Un ensayo para prevenir la ruina de Gran Bretaña* se dio poco después del regreso de Berkeley a Inglaterra tras su estancia de cuatros años en Europa, sobre todo en Italia. El texto fue resultado de su desencanto y preocupación por la situación política, social y moral de Inglaterra, a la que veía paralizada por la crisis económica de 1720 ocasionada por la llamada burbuja del Mar del Sur *(The South Sea Bubble)*.

El origen de esta se remonta a 1711, cuando Robert Harley, conde de Oxford e importante hombre de gobierno, creó mediante una ley del parlamento inglés la Compañía del Mar del Sur y se convirtió en su primer gobernador. Se trataba de una sociedad público-privada diseñada para mejorar las finanzas del gobierno mediante el control y la reducción de la deuda nacional —buscaba recaudar diez millones de libras de deuda— y el incremento del comercio británico en América del Sur. La Compañía ofreció un atractivo seis por ciento de interés a quienes compraran sus acciones, pero con el fin de la Guerra de Sucesión española en 1713 el negocio se vino abajo, porque no hubo acuerdo para comerciar en esos territorios pertenecientes a España y Portugal. En 1718 el rey Jorge III absorbió la totalidad de la Compañía, con lo que el valor de las acciones creció rápidamente, y para 1720 el paramento permitió, dado que seguía aumentando el precio de las acciones, que la empresa se hiciera cargo de su deuda nacional. Para conseguir las seiscientas mil libras anuales necesarias para pagar los intereses ofrecidos a la Compañía se aprobaron nuevos impuestos sobre productos como vinagre, vinos, mercancías de la India, sedas, tabaco y aletas de ballena. En agosto de 1720 el precio de las acciones alcanzó las mil libras, pero como en los hechos la empresa se había limitado a comerciar con la deuda que había comprado porque nunca se había materializado el comercio, en septiembre la burbuja estalló y las acciones se desplomaron en un ochenta por ciento. El proyecto de la Compañía del Mar del Sur constituyó un esquema financiero en el que se concesionaron derechos para que una empresa privada tuviera la exclusividad para comerciar en las costas de Sudamérica, zona conocida en la época como Mar del Sur. Al esquema comercial se le sumó la manipulación y especulación de mercado, que llevó a incrementar sobremanera el valor de las acciones de la compañía esparciendo rumores falsos, como la corrupción política de gran parte de la clase dirigente. Estos factores dieron lugar a una crisis económica sin precedentes que perjudicó a la gran mayoría de la sociedad inglesa y por extensión a la irlandesa.

El 4 de abril de 1720 varias voces se alzaron en la Cámara de los lores contra el proyecto de la compañía, entre ellos Philip Wharton (I duque de Wharton), William Cowper (I conde de Cowper), John Sheffield (I duque de Buckingham y Normanby), William North (VI barón de North y II barón de Grey) y Robert Walpole (I conde de Orford). Por ejemplo, William North, conocido como Lord North and Grey, expresó en la mencionada sesión que la propuesta de la Compañía de los Mares del Sur «era injusta en su naturaleza y podría resultar fatal en sus consecuencias, ya que parecía calculada para el enriquecimiento de unos pocos y el empobrecimiento de una gran cantidad, y no sólo daba paso, sino que avalaba y autorizaba la práctica fraudulenta y perniciosa de la especulación, la cual produjo un daño irreparable al apartar del pueblo el espíritu de comercio e industria»[1]. Por otra parte, Robert Walpole, quien a partir de 1721 vio encumbrada su carrera política, denunció que el plan de la compañía «ofrecía un peligroso señuelo para atraer a los incautos a su ruina mediante una falsa perspectiva de ganancia, y para que se desprendieran de los beneficios graduales de su trabajo a cambio de una riqueza imaginaria»[2].

A decir de Luce, el ensayo «no es un mero lamento o queja, sino un pronunciamiento razonado sobre cuestiones públicas, no políticas»[3]. Berkeley consideró que la catástrofe del Mar del Sur, que había sumido a Inglaterra en una terrible crisis, evidenciaba algo más que la ineptitud política y la corrupción de un sector de la clase gobernante; mostraba la decadencia social y moral en que estaba sumida la nación entera. Esto porque la crisis había sido causada por la especulación financiera y la corrupción mediante sobornos de la élite gobernante, la cual tenía la obligación, como clase dirigente, de representar dignamente lo público para guiar con su ejemplo al resto de la población. La crisis desatada en 1720 fue tan devastadora que incluso detonó en Berkeley el interés por emprender un viaje evangelizador, educativo y pastoral en América, en donde pretendía confeccionar una sociedad ajena a los vicios sociales que imperaban en Europa y que dieron lugar a esa crisis.

Un ensayo para prevenir la ruina de Gran Bretaña se publicó de forma anónima en Londres en 1721 por el librero J. Roberts. Fue reimpreso por Berkeley, ya sin el anonimato, en su *Miscelánea* de 1752, publicada en Londres por Jacob Tonson, Richard Tonson y Somerset Draper. Aquí me voy a referir a la versión del *Ensayo* contenida en la edición de Luce y Jessop como 'C'. Dicha versión fue cotejada con las dos publicadas por Berkeley en vida, la anónima de 1721 a la que llamo edición 'A' y la de 1752 que llamo 'B'. En nota a pie de página se señalan los cambios entre las ediciones.

Un ensayo para prevenir la ruina de Gran Bretaña[1]

Avaritia fidem, probitatem caeterasque artes bonas subvertit; pro his superbiam, crudelitatem, deos negligere, omnia venalia habere edocuit

SALUSTIO[2]

Ii qui per largitionem magistratus adepti sunt: dederunt operam ut ita potestatem gererent ut illam lacunam rei familiaris explerent.

CICERÓN[3]

Omnes aut de honoribus suis aut de praemiis pecuniae aut de persequendis inimicitiis agebant

CÉSAR[4]

[69]

Si es la prosperidad que le precedió o si son las calamidades que le sucedieron al proyecto del Mar del Sur lo que ha contribuido más a nuestra destrucción no es un asunto tan claro, como sí lo es que estemos actualmente arruinados y privados de todo sentido de nuestro verdadero interés. Nada menos que esto podría hacer perdonable tener que recurrir a aquellas máximas trilladas y pasadas de moda concernientes a la religión, la industria, la frugalidad y el espíritu público que ahora están olvidadas, pero que si son revividas y puestas en práctica pueden no sólo evitar nuestra ruina final, sino incluso volvernos un pueblo más feliz y floreciente que nunca.

La religión ha sido apreciada y reverenciada en épocas pasadas por sabios patriotas y legisladores porque sabían que era imposible que una nación prosperara y floreciera sin virtud o que la virtud subsistiera sin la conciencia o la conciencia sin la religión, hasta el punto de que un ateo o infiel era visto con desprecio y tratado como enemigo de su [70] país. Pero en estos tiempos más sabios una fría indiferencia por la religión nacional, y de hecho por todas las cuestiones de fe y del culto divino, se considera sensata. Incluso se ha puesto de moda denigrar la religión; y ese poco talento para ridiculizar se aplica a propósitos tan reprobables que un buen cristiano difícilmente puede guardar la compostura.

La libertad es la mayor bendición humana que un hombre virtuoso puede poseer y es totalmente compatible con los deberes de un buen súbdito y de un buen cristiano. Pero en la época actual abundan patrones insensatos de la libertad quienes, no distinguiendo entre esta y el libertinaje, toman el método más seguro para desacreditar lo que parecen propagar; porque, en efecto, ¿puede ofrecerse una mayor afrenta a esa justa libertad de pensamiento y acción —que es la prerrogativa de una criatura racional— o puede haber algo que la recomiende menos a las mentes honestas que imponer la obscenidad y profanidad en el mundo bajo el pretexto de la misma? Pero siempre se ha observado que los hombres débiles no saben cómo evitar un extremo sin caer en otro.

Demasiados de este tipo toman a vulgares lectores por grandes autores y hombres de pensamiento profundo; no a causa de alguna superioridad en el juicio o en el estilo, que poseen ambos en un grado muy mediano, ni por algunos descubrimientos que hayan hecho en las artes o en las ciencias, que parecen conocer poco, sino simplemente porque favorecen las pasiones de los hombres corruptos, quienes se complacen en haber silenciado los clamores de la conciencia y en haber provocado sospechas sobre los grandes temas de la religión cristiana que los contenían de muchos vicios de placer e interés o les hacían sentir incómodos al cometerlos.

Para promover ese loable propósito de borrar todo sentido de la religión entre nosotros se reúnen en asambleas y proceden con deliberaciones y esfuerzos conjuntos; con qué éxito y con qué mérito para el público, el efecto lo muestra claramente. No diré que estos caballeros tienen un plan directo para arruinar a su país o que son conscientes de la mitad de las consecuencias dañinas que necesariamente se derivan de la difusión de sus opiniones, pero la nación las resiente y ya es hora de que la legislatura les ponga un alto.

No estoy a favor de poner un poder odioso en las manos del clero o de adherirse a la estrechez de cualesquiera fanáticos errados que se inclinan a perseguir disidentes. Pero sin importar la conducta que el sentido común, así como la caridad cristiana, nos obligue a adoptar con quienes difieren de nosotros en algunos puntos de la religión, la seguridad pública requiere que los declarados despreciadores de [71] toda religión sean severamente castigados; y tal vez no sea tarea fácil asignar una buena razón de por qué la blasfemia contra Dios no deba ser investigada y castigada con el mismo rigor que la traición contra el rey.

Porque, aunque intentemos resolver nuestros asuntos, será inútil; el dedo de Dios arruinará todos nuestros vanos proyectos y los convertirá en trampas para provocarnos grandes calamidades si no reformamos ese escandaloso libertinaje que (sin importar lo que piensen algunos hombres frívolos) es nuestro peor síntoma y el pronóstico más seguro de nuestra ruina[5].

La industria es el camino natural hacia la riqueza. Esto es tan cierto que es imposible que un pueblo libre e industrioso carezca de las necesidades y comodidades de la vida, o que uno ocioso las disfrute bajo cualquier forma de gobierno. El dinero es hasta ahora útil para el público porque promueve la industria, y el crédito, que tiene el mismo efecto, tiene el mismo valor que el dinero; pero el dinero o el crédito que circula de mano en mano en una nación sin producir trabajo e industria en los habitantes es directamente juego[6].

No es imposible que los hombres astutos hagan planes tan plausibles que puedan atraer a los que son menos hábiles a su propia ruina y a la del público. Pero seguramente no hay hombre juicioso y honesto que no vea y reconozca, sea que entienda el juego o no, que es una locura evidente para cualquier pueblo –en vez de proseguir los viejos métodos honestos de la industria y la frugalidad– sentarse en una mesa de juego pública y jugarse su dinero unos con otros.

Cuantos más métodos haya en el Estado para adquirir riquezas sin esfuerzo ni mérito, menos habrá de uno y otro en ese Estado: esto es tan evidente como la ruina que lo acompaña. Además, cuando el dinero cambia de mano en mano de manera tan fortuita y ciega que algunos hombres adquieren de la nada, en un instante, vastos bienes sin el menor mérito, mientras otros son despojados súbitamente de sus abundantes fortunas y abandonados en la parroquia por su propia avaricia y credulidad, ¿qué se puede esperar, por un lado, sino el lujo desenfrenado y la lascivia o, por otro, la locura extrema y la desesperación?

En definitiva, todos los proyectos para aumentar la riqueza por métodos súbitos y extraordinarios, en la medida en que operan violentamente sobre las pasiones de los hombres y los animan a despreciar las ganancias lentas y moderadas que deben conseguirse mediante una industria honesta, deben ser ruinosos para el público[7] y hasta los propios ganadores se verán al final envueltos en la ruina pública.

Es muy fácil idear proyectos para el fomento de la industria: desearía que fuera igual de fácil persuadir a los hombres de llevarlos a la práctica. No hay país en Europa donde haya tanta caridad recaudada para los pobres y ninguno donde esté tan mal administrada. Si el impuesto sobre los pobres se fijara en una media en cada parroquia, tomada de un cálculo de los últimos diez años y aumentada durante siete años por una ley del parlamento, esa suma (si el cálculo común no es muy erróneo), gastada frugal y prudentemente en casas de trabajo, liberaría por siempre a la nación de la carga de mantener a los pobres y al mismo tiempo mejoraría considerablemente nuestras manufacturas. Podríamos por estos medios despejar nuestras calles de mendigos; incluso a los niños, a los tullidos y a los ciegos se les

[72]

podría dar la oportunidad de hacer algo para su sustento. En cuanto al pequeño número de aquellos que por edad o enfermedades están totalmente incapacitados para todo empleo, podrían ser mantenidos por la labor de otros y el público obtendría no pocas ventajas de la industria de aquellos que son ahora una gran carga y gasto para él.

El mismo impuesto, mantenido tres años más, podría ser empleado provechosamente para hacer carreteras y volver los ríos navegables, dos cosas de gran beneficio y ornamento para una nación que parece ser la única en Europa que las ha descuidado[8]. Así que en el espacio de diez años el público puede ser liberado para siempre de un pesado impuesto, la industria ayudada, el comercio impulsado y el país en su conjunto mejorado, y todo esto sólo con una administración honesta y frugal sin aumentar un solo centavo extra.

El número de personas es tanto un medio como un motivo para la industria[9]. Por esa razón debería ser de gran utilidad fomentar la propagación al conceder alguna recompensa o privilegio a quienes tengan un cierto número de hijos y, por otro lado, al promulgar que el público herede la mitad de los bienes no enajenados de todos los que fallezcan solteros sin importar su sexo.

Además del fin inmediato propuesto por los métodos anteriores, estos proporcionan impuestos a los pasajeros y a los fallecidos solteros que no son de ninguna manera onerosos para el súbdito y que pueden ser usados para saldar la deuda pública, la cual —todos los hombres están de acuerdo— concierne altamente a la nación en general, tanto a la corte como al país. César[10], de hecho, menciona como una parte de la política que tomó prestado dinero de sus

[73]

oficiales para dárselo a los soldados, con lo que aseguró tener a ambos de su lado; y aunque algo como esto puede pasar por habilidad en ciertas coyunturas en el gobierno civil, sin embargo, si se lleva demasiado lejos resultará un experimento peligroso.

Todavía hay espacio para la invención o el mejoramiento en la mayoría de los comercios y manufacturas, y es probable que las primas otorgadas por ese motivo a los artistas ingeniosos pronto serían reembolsadas por cien al público. Ningún color es tan usado en Italia, España y Portugal como el negro; pero nuestra ropa negra no es tan duradera ni de tan buen tinte como la de los neerlandeses[11], de ahí la razón de que acaparen el beneficio de ese comercio. Esto es tan cierto que he conocido a comerciantes ingleses en el extranjero que usan ellos mismos ropa negra de Holanda y la venden y recomiendan como mejor que la de su propio país. Se dice comúnmente que el agua de Leiden tiene una propiedad peculiar para colorear el negro, pero también se ha dicho y considerado cierto que los buenos cristales no se pueden hacer en ningún lugar más que en Venecia, y allí sólo en la pequeña isla de Murano; lo que se atribuyó a alguna propiedad peculiar en el aire. Y posiblemente encontremos que otras opiniones de ese tipo son igual de infundadas, por lo que la legislatura debe pensar si vale la pena poner primas en los casos anteriores o en casos parecidos de beneficio general para el público; recuerdo haber visto, hace unos siete años, a un hombre señalado en un café que —decían— había introducido por primera vez entre nosotros el tinte escarlata correcto, por el cual la nación en general así como muchas personas privadas han sido muy beneficiadas desde entonces, aunque él mismo era un mendigo que, de ser verdad, merecía una pensión honorable por parte del público.

Hay también muchas manufacturas que traemos del extranjero que pueden ser hechas aquí con tanta perfección como en cualquier otra parte. Si se considera que se usa más lino fino[12] en Gran Bretaña que en cualquier otro país de Europa, será difícil asignar una razón por la que el papel no se pueda hacer aquí tan bueno, y en la misma cantidad, como en Holanda, Francia o Génova. Esta es una manufactura de gran consumo y ahorraría mucho al público. Lo mismo puede decirse de la tapicería, el encaje y otras manufacturas, que si se establecen en zonas baratas del país emplearían muchas manos y ahorrarían dinero a la nación así como lo traerían del extranjero. Los proyectos para mejorar las antiguas manufacturas o para crear nuevas no deberían ser despreciados en un país comercial, pero el convertirlos en pretextos para el agio *(stockjobbing)*[13] ha sido una imposición fatal.

[74]

Como la industria depende del comercio y este, al igual que la seguridad pública, de nuestra navegación, le concierne a la legislatura disponer que el número de nuestros marineros no disminuya, a lo que contribuiría mucho que se hiciera una ley para prohibir el pago a los marineros en el extranjero; porque es usual que quienes están a bordo de buques mercantes tan pronto como ponen un pie en la costa reciben su paga, que gastan pronto en una vida desenfrenada, y cuando han vaciado sus bolsillos la tentación de una moneda de oro nunca deja de atraerlos a cualquier servicio extranjero. A esto —si puedo darle crédito a la información que he recibido de algunos agentes ingleses en el exterior— se debe principalmente que los venecianos, españoles y otros tengan muchos ingleses a bordo de sus barcos. De hecho, algunos comerciantes y maestros de embarcaciones pueden sacar provecho al defraudar a esos pobres desdichados cuando les pagan en moneda extraña —que me han asegurado a menudo equivale a doce peniques de la corona—, así como al librarse de la carga de conservarlos cuando venden sus barcos o están mucho tiempo en el puerto; pero el público pierde tanto el dinero como los hombres, quienes, si sus atrasos fuesen liquidados en casa, estarían seguros de volver y gastarlos en su propio país. Es una vergüenza que no se ponga remedio a este abuso.

La frugalidad de las costumbres es el alimento y fuerza de los cuerpos políticos. Es aquello por lo que crecen y subsisten hasta que son corrompidos por el lujo, la causa natural de su decadencia y ruina. De esto tenemos ejemplos en los persas, lacedemonios y romanos, por no mencionar muchos gobiernos posteriores que han surgido, han continuado por un tiempo y luego han desaparecido por las mismas causas naturales. Pero parece que estos no nos son de ninguna utilidad y, a pesar de ellos, vamos en camino de convertirnos en otro ejemplo inútil para las épocas futuras.

Los hombres son propensos a medir la prosperidad nacional por las riquezas. Sería más correcto medirla por el uso que se hace de ellas. Donde promueven un comercio honesto entre los hombres y son motivo para la industria y la virtud, resultan sin duda de gran ventaja; pero donde [75] son convertidas (como sucede con demasiada frecuencia) en instrumento para el lujo, enervan y desalientan a la gente más valiente. Que exacta es esa observación de Maquiavelo de que no hay verdad alguna en el refrán que dice que el dinero es el nervio de la guerra; y aunque podamos subsistir tolerablemente por un tiempo entre vecinos corruptos, si alguna vez tenemos que ver con un tipo de hombres esforzados, sobrios y religiosos, encontraremos, a nuestro pesar, que todas nuestras riquezas no son más que un pobre intercambio de esa simplicidad de modales que despreciamos en nuestros ancestros. Esta única ventaja ha sido el principal soporte de todas las repúblicas que han figurado en el mundo, y tal vez no sería una mala política que un reino se formara según las costumbres de una república.

La simplicidad de modales puede preservarse más fácilmente en una república que en una monarquía; pero si alguna vez se pierde puede recuperarse antes en una monarquía, siendo el ejemplo de una corte de gran eficacia, ya sea para reformar o para corromper a un pueblo. Sólo eso sería suficiente para desaprobar el uso de oro o plata en las ropas o en el equipaje y, si lo mismo se prohibiera por ley, el ahorro de muchos lingotes sería el menor beneficio de tal institución; no hay nada más apto para envilecer la virtud y el buen sentido de nuestra nobleza, de ambos sexos, que la fútil vanidad de vestido que hemos aprendido de Francia y que ha tenido consecuencias negativas tan visibles en el genio de esa gente. Las naciones más sabias han tenido cuidado de impedir esta locura mediante leyes y castigos severos, y su propagación entre nosotros no puede augurar nada bueno, si hay algo de verdad en la observación de uno de los antiguos de que la manera directa de arruinar a un hombre es vestirlo con ropas finas.

No se puede negar que el lujo en el vestir da un comportamiento ligero a nuestras mujeres, que puede pasar por una pequeña ofensa, porque es algo común, pero es en verdad la fuente de grandes corrupciones. Por esta misma ofensa el profeta Isaías denunció un juicio severo contras las damas de su tiempo. Presentaré el pasaje completo:

Más aún, dijo el Señor, porque las hijas de Sion son altivas y caminan estirando los cuellos y con ojos lascivos, remilgándose al andar y haciendo tintineos con sus pies; el Señor las castigará [76] rapando la cabeza de las hijas de Sion, y el Señor descubrirá sus partes secretas. Ese día el Señor le quitará el valor a sus ornamentos que tintinean en los pies, y a sus redecillas y a sus lunetas, collares y brazaletes, y las cofias, sombreros y los atavíos de las piernas, y las diademas, y los perfumes, y los zarcillos, los anillos y joyeles de las narices, las ropas de gala, las túnicas y los velos y las bolsas, los espejos y el lino fino, las gasas y los tocados; y en lugar de los aromas dulces vendrá la pestilencia, de un cinturón una cuerda y de una cabellera hermosa la calvicie; y en lugar de un peto, ropa ceñida de cilicio; y quemaduras en vez de hermosura (3, 16-24).

La costra, el hedor y las llamas son síntomas terribles y pestilentes, y nuestras damas harían bien en considerar que pueden parecerse a las de Sion tanto en su castigo como en su ofensa.

Pero el vestido no es la única cosa que hay que reformar, las leyes suntuarias son útiles en muchos otros aspectos. En épocas anteriores la llaneza natural y el buen sentido de los ingleses las hacía menos necesarias. Pero desde el lujoso reinado del rey Carlos II hemos violentado nuestras naturalezas y en este momento están tan alteradas para peor que es de temer que las mismas disposiciones que las hacen necesarias impedirán para siempre que se promulguen o se pongan en ejecución.

Una familia privada en circunstancias difíciles, todos estarán de acuerdo, debe compartir su plato, andar a pie, reducir el número de sus sirvientes, no usar joyas ni ropas caras y negarse a las diversiones costosas, ¿y por qué no el público? Si se hubiera hecho algo así nuestros impuestos hubieran sido menos o, lo que es lo mismo, deberíamos haberlos sentido menos. Pero es muy notable que el lujo nunca estuvo en un punto tan alto, ni se expandió tanto a través de la nación, como durante los gastos de las últimas guerras y la pesada deuda que aún nos afecta.

Este vicio arrastra tras de sí una serie de males que infestan cruelmente al público; la facción, la ambición, la envidia y la avaricia, y la de la peor clase, son mucho más perjudiciales en sus consecuencias aunque no tan infames como la penuria. Fue el gran arte del cardenal Richelieu, al alentar el lujo y el gasto, empobrecer a la nobleza francesa y hacerla completamente dependiente de la Corona, lo que desde entonces se ha efectuado con mucho éxito. Estas y muchas más consideraciones mostraron la necesidad que hay de leyes suntuarias; nada puede decirse contra ellas en esta isla que no pueda objetarse con igual fuerza en otros países, los cuales, sin embargo, han juzgado que el beneficio público de tales instituciones es mucho más importante que los pocos sufrimientos de unos cuantos que subsisten gracias al lujo de otros.

Es evidente que los viejos impuestos pueden soportarse mejor, así como los nuevos elevarse, mediante leyes suntuarias juiciosamente planteadas no para dañar nuestro comercio, sino para reducir nuestro lujo. Es evidente que, por falta de estas, el lujo (que como las otras modas nunca disminuye) ha infectado todos los estratos de la población

[77]

y que esto le permite a los neerlandeses y franceses vendernos a bajo precio, para gran perjuicio de nuestro comercio. No podemos dejar de saber que en nuestras actuales circunstancias debería preocuparnos, por ser de nuestro interés, hacer tolerable la pobreza; en resumen, tenemos la experiencia de muchas épocas para convencernos de que un pueblo corrupto y lujoso tiene que caer por sí mismo en la esclavitud, aunque no se intente nada contra él. Estas y otras reflexiones semejantes deberían, uno pensaría, haber obligado a cualquier pueblo en su sano juicio a adoptar medidas frugales.

Pero estamos condenados a no hacerlo. Ni la simple razón de la cosa, ni la experiencia de épocas pasadas, ni los ejemplos que tenemos ante nuestros ojos pueden contenernos de imitar, por no decir superar, a los pueblos más corruptos y arruinados en aquellos mismos puntos de lujo que los arruinaron. Nuestro juego, nuestras óperas, nuestras mascaradas[14] se han convertido, a pesar de nuestras deudas y pobreza, en la maravilla de nuestros vecinos. Si hay algún hombre tan falto de pensamiento y sentido común como para no ver adónde lleva esto, déjenlo comparar lo que fue Venecia en la Liga de Cambrai[15] con lo que es en la actualidad y verdaderamente se convencerá de que esos pasatiempos de moda están calculados para debilitar y arruinar una nación.

Pero ni Venecia ni París ni ningún otro lugar en cualquier parte del mundo conocieron nunca una locura tan ruinosa y costosa como nuestra mascarada. Ella sola es suficiente para enardecer y satisfacer los distintos apetitos por el juego, el vestido, la intriga y la comida y bebida lujosas. Es una síntesis muy lograda, la verdadera quintaesencia, el [78] resumen de todas aquellas vanidades insensatas que siempre han sido la ruina de tontos y el aborrecimiento de hombres sabios. Y todo esto, bajo la noción de un entretenimiento elegante, ha sido admitido entre nosotros; aunque en verdad se trate de un contagio del peor tipo. La plaga, terrible como es, es un mal de corta duración; las ciudades se han recuperado y florecido con frecuencia después de ella; ¿pero cuándo se conoció que un pueblo dañado y corrompido por el lujo se haya recuperado? Por no decir que la corrupción general de las costumbres nunca deja de arrastrar tras de sí algún juicio oneroso de guerra, hambre o pestilencia. De esto tenemos un ejemplo reciente en una de las ciudades más corrompidas de Europa[16] y nadie sabe qué tan pronto puede darse nuestro propio caso. Este elegante entretenimiento está suspendido por el momento, pero aún queda una propensión tan fuerte hacia él que, si la sabiduría de la legislatura no interviene pronto, volverá con la tentación adicional de haber sido prohibido por un tiempo. Sería estúpido y bárbaro protestar contra la conservación del espíritu de la gente mediante diversiones apropiadas, pero entonces deberían ser apropiadas, es decir, tales que pulieran y perfeccionaran su mente o incrementaran la fuerza y actividad de sus cuerpos; a ninguno de estos fines responde la mascarada, no más que aquellas locuras francesas e italianas que, para nuestra vergüenza, se importan e incitan en una época en que la nación debería estar extremadamente seria para tales bagatelas.

Es difícil de creer la influencia que tienen las diversiones públicas en el espíritu y la conducta de un pueblo. Los griegos sabiamente se percataron de esto e hicieron de sus deportes públicos un asunto muy serio. Por la misma razón, tal vez parecerá digno del cuidado de nuestra legislatura regular las diversiones públicas mediante una absoluta prohibición de aquellas que tienen una clara tendencia a corromper nuestra moral, así como mediante una reforma del teatro, que cuando se maneja correctamente es un entretenimiento tan noble que dio excelentes lecciones de moralidad y buen sentido a los atenienses de antaño y a nuestros nobles británicos hace más de un siglo, pero en estos últimos noventa años nos ha entretenido, en su mayor parte, [79] con cosas tan ruines que en vez de mejorar dañan el gusto y los hábitos de la audiencia. Aquellos que están atentos a tales propuestas sólo en la medida en que pueden llenar sus bolsillos probablemente menospreciarán estas cosas al considerarlas bagatelas bajo el cuidado de la legislatura. Pero estoy seguro de que todos los hombres honestos y pensantes deben lamentar ver a su país correr precipitadamente hacia todas esas locuras lujosas, las cuales, es evidente, han sido fatales para otras naciones y sin duda serán fatales también para nosotros si no les ponemos un alto a tiempo.

El espíritu público, ese glorioso principio de todo lo que es grande y bueno, está tan lejos de ser apreciado o alentado que se ha convertido en algo ridículo en esta época ilustrada, que enseña a burlarse de todo lo que es serio y sagrado. El mismo espíritu ateo y estrecho, concentrando todas nuestras preocupaciones en el interés privado y reduciendo todas nuestras esperanzas al disfrute de la vida presente, produce igualmente un descuido de lo que debemos a Dios y a nuestro país. Tulio advirtió hace mucho «que es imposible, para quienes no tienen la creencia en la inmortalidad del alma o en un estado futuro de recompensas y castigos, sacrificar sus intereses y pasiones particulares al bien público o tener una preocupación generosa por la posteridad»[17], y nuestra propia experiencia confirma la verdad de esta advertencia.

Por ello, en aras de recuperar un sentido del espíritu público es de desear que los hombres sean afectados primero por un verdadero sentido de la religión, *pro aris et focis*[18] ha sido siempre el gran motivo para el valor y la perseverancia en una causa pública.

Asimismo, sería una política muy útil, y justificada por el ejemplo de los gobernantes más sabios, hacer que el amor natural hacia la fama y la reputación se subordine a promover ese noble principio de lo público. Los arcos del triunfo, las columnas, las estatuas, las inscripciones y los monumentos similares de los servicios públicos han sido construidos en tiempos pasados como grandes incentivos para la virtud y la magnanimidad, y probablemente tendrían los mismos efectos sobre los ingleses que los que tuvieron sobre los griegos y los romanos. Y tal vez una columna de infamia sería un castigo apropiado y ejemplar en casos de notable villanía pública, donde la pérdida de la fortuna, la libertad o [80] la vida no son proporcionales al crimen, o donde la habilidad del criminal o la naturaleza de su delito puede protegerlo de la letra de la ley.

Muchos de esos pueden verse en Génova, Milán y otras ciudades de Italia, donde es costumbre demoler la casa de un ciudadano que ha conspirado para la ruina de su país o que ha sido encontrado culpable de un monstruoso crimen contra el público y, en su lugar, se erige un monumento del crimen y del criminal descrito de la manera más deshonrosa[19]. No tenemos nada como esto que yo sepa, salvo eso que comúnmente se llama Monumento, que en los últimos años se erigió por un asunto no más atroz que el moderno intento sin precedentes[20] de hombres de fortuna desahogada –y sin apuros de ningún tipo, a sangre fría y con los ojos abiertos– de arruinar su país natal. Este hecho nunca se olvidará y es de desear que con él se transmita a la posteridad su aborrecimiento público, lo que en alguna medida reivindicaría el honor del presente y constituiría una lección útil para las épocas futuras.

Aquellas nobles artes de la arquitectura, la escultura y la pintura no sólo adornan lo público, sino que también tienen influencia en las mentes y en los modales de los hombres, llenándolas con grandes ideas e incitándolas a la emulación de acciones dignas. Por esta causa fueron cultivadas y fomentadas en las ciudades griegas, que competían entre sí en la construcción y el adorno de sus templos, teatros, pórticos y obras públicas semejantes al mismo tiempo que desaprobaban el lujo privado; muy al contrario de nuestra conducta.

Proponer la construcción de un parlamento, tribunales de justicia, un palacio real y otros edificios públicos adecuados a la dignidad de la nación, y adornarlos con pinturas y estatuas que puedan transmitir a la posteridad cosas y personas memorables, probablemente sería ridiculizado como un asunto vano, costoso y de poco beneficio para el público; y se debe reconocer que nos hemos degradado a tal punto que cualquier propuesta de gasto queda mal en nuestras actuales circunstancias. Pero por impropia[21] que sea esta propuesta para los tiempos que corren, no obstante, viene tan bien en un discurso del espíritu público que no podía dejar de decir algo sobre ella; y en otro momento

[81]

141

no parecerá descabellada, si consideramos que no es más que lo que las naciones más sabias han hecho antes que nosotros, que fomentaría nuevas artes, emplearía muchas manos, mantendría el dinero circulando en nuestro país y, finalmente, que sería un ejemplo notable de espíritu público así como un incentivo para este[22].

El mismo noble principio puede fomentarse también erigiendo una academia de hombres ingeniosos, cuyo empleo sería compilar la historia de Gran Bretaña, hacer discursos apropiados para infundir en los hombres un celo por lo público y celebrar la memoria de aquellos que han honrado a la nación o le han prestado un servicio eminente. Sin mencionar que esto mejoraría nuestro lenguaje y entretendría a algunos espíritus inquietos de la época; lo que tal vez no sería una mala política.

Esto no carece de ejemplo; pues, por no hablar de la Academia francesa que se prostituye para propósitos más despreciables, ha sido la costumbre del Senado veneciano nombrar a uno de su orden para continuar la historia de la República. Esto se introdujo en el estado floreciente de ese pueblo y aún está en vigor. Nos quedamos cortos respecto a otras naciones en el número de buenos historiadores, aunque ninguna nación en la cristiandad ha producido mayores eventos o más dignos de ser registrados. El senado ateniense designaba oradores para conmemorar anualmente a quienes morían en defensa de su país, solemnidad que se realizaba en los monumentos erigidos en honor a ellos por el público; y los panegíricos compuestos por Isócrates y Pericles, así como muchos pasajes de Tulio, nos informan con qué placer los antiguos oradores solían explayarse en elogios de su país.

La concordia y la unión entre nosotros debe esperarse como un efecto del espíritu público más que proponerse como un medio para promoverlo. Los hombres cándidos y generosos, que son verdaderos amantes de su país, nunca pueden ser enemigos de la mitad de sus compatriotas o llevar su resentimiento tan lejos como para arruinar al público por el bien de un partido. Ahora que he mencionado nuestros partidos rogaré que se me permita introducir una o dos observaciones, para el servicio tanto de los whigs como de los tories[23], sin entrar en sus respectivos méritos. En primer lugar, es imposible que cualquiera de los partidos arruine al otro sin envolverse él mismo y su futuro en la misma ruina. En segundo lugar, es muy factible que cualquier partido obtenga lo mejor del otro si primero puede sacar lo mejor de sí mismo y, en vez de fomentar las pasioncillas femeninas de obstinación, resentimiento y venganza, promueva firmemente el verdadero interés de su país –en aquellos grandes temas tan claros sobre piedad, industria, sobriedad de costumbres– y un respeto honesto por la posteridad, que todos los hombres razonables están de acuerdo en que son esenciales para la felicidad pública. Habría algo tan grande y bueno en esta conducta que necesariamente debería reprimir toda calumnia y oposición. Pero que los hombres actúen razonablemente es más de desear que de esperar.

Soy muy consciente de que hablar del espíritu público y de los medios para recuperarlo debe ser, para las mentes estrechas y sórdidas, objeto de broma y ridículo, por más conforme que sea a la recta razón y a las máximas de la antigüedad; aunque uno pensaría que los hombres más egoístas podrían ver que es en su interés fomentar un espíritu en

[82]

los demás del que ellos, sin duda, saldrían beneficiados. Sin embargo, es tal la corrupción y estupidez de la época actual que el espíritu público es tratado como ignorancia del mundo y falta de sentido; y se presta todo el respeto a hombres astutos, que falsean y distorsionan el interés público hacia sus propios fines privados, cuando en otros tiempos se pensó que se debía prestar a quienes eran lo suficientemente generosos como para sacrificar su interés privado por el de su país.

Prácticas y máximas como estas deben necesariamente arruinar un Estado. Pero si prevalece lo contrario, podemos esperar ver a los hombres en el poder preferir la riqueza y la seguridad pública a la suya propia, y a los hombres de dinero hacer donaciones o prestarlo sin ningún interés a su país. Esto, por más extraño e increíble que nos pueda parecer, se ha hecho con frecuencia en otros Estados. Y considerando el temperamento natural inglés, junto con la fuerza del ejemplo, nadie puede decir qué tan lejos puede llegar una propuesta de donación entre los hombres adinerados cuando es promovida por la legislatura y alentada por el ejemplo de dos o tres hombres de influencia, que tienen el espíritu para hacer una acción generosa y el entendimiento para ver que es del interés de cada hombre privado apoyar el interés público.

Si quienes tienen sus fortunas en dinero hicieran donaciones voluntarias, el público sería aliviado y al mismo tiempo mantendría su crédito. Tampoco es un amor generoso a su país el único motivo que debería inducirlos a esto. La equidad común requiere que todos los súbditos compartan por igual la carga pública; y el sentido común muestra que quienes están a la cabeza del peligro no deben ser los más rezagados en contribuir a prevenirlo.

[83]

Antes de dejar este tema no puedo sino prestar atención a la práctica más infame del cohecho, que no puede ser más opuesta al espíritu público ya que todo el que acepta un soborno claramente reconoce que prefiere el interés privado al del país. Esta corrupción se ha convertido en un crimen nacional que ha infectado desde lo más bajo hasta lo más alto entre nosotros, y es tan general y notoria que, como no puede ser igualada en épocas anteriores, es de esperar que no sea imitada por la posteridad.

Esto nos recuerda otra culpa nacional que poseemos en un grado muy eminente; no habiendo nación bajo el sol donde el perjurio solemne sea tan común o donde haya tales tentaciones hacia él. El hacer que los hombres juren tan a menudo en sus propios casos, y en los que tienen un interés en ocultar la verdad, ha desgastado gradualmente ese terrible respeto que alguna vez se consideró que se debía a una apelación a Dios todopoderoso, hasta el punto de que los hombres hoy en día rompen su ayuno y un juramento en aduana con la misma tranquilidad. Es una política peculiar de nosotros la de obligar a los hombres a perjurar o a traicionarse y no ha tenido ningún efecto bueno, sino muchos muy malos. Estoy seguro de que otras naciones, sin la centésima parte de nuestros juramentos, se las ingenian para hacer sus negocios al menos tan bien como los hacemos nosotros; y tal vez nuestra legislatura pensará apropiado seguir su ejemplo; pues, cualesquiera que sean las medidas que se tomen, mientras estemos bajo una carga de culpa como el perjurio nacional y el soborno nacional es imposible que podamos prosperar[24].

Esta pobre nación ha sufrido mucho recientemente y para aliviar el dolor actual se ha pensado en un remedio súbito (como es usual en estos casos). Pero tenemos que estar precavidos de no confundir un anodino con una cura. Cuando se tocan los órganos vitales y toda la masa de humores está viciada, no es suficiente con aliviar la parte adolorida, debemos mirar más allá y aplicar correctivos generales; de lo contrario el humor malo puede mostrarse pronto en alguna otra parte.

[84]

El asunto del Mar del Sur, por sensible que sea, no es el origen del mal o la gran fuente de nuestras desgracias, sino el efecto natural de aquellos principios que por muchos años se han propagado con gran industria; y como una severa destemplanza al apartar a un hombre de la intemperancia puede prolongar su vida, no es imposible que esta calamidad pública que pesa tanto sobre la nación pueda prevenir su ruina. Ciertamente sería la mayor de las bendiciones si contribuyera a que todos los hombres honestos fueran de un solo partido; si pusiera en consonancia la religión y la virtud, restaurara un sentido del espíritu público y convenciera a los hombres de que es una peligrosa locura perseguir objetivos privados en oposición al bien de su país; si apartara nuestros pensamientos del fraude y el agiotaje a la industria y a los métodos frugales de vida; en fin, si reviviera e inflamara esa chispa natural de dignidad y honor británica que ha permanecido demasiado tiempo sofocada y oprimida.

Con esta intención, entre otros muchos proyectos para remediar el mal estado de nuestros asuntos en un caso particular, me he aventurado a publicar los anteriores consejos generales, que como han sido reunidos por un celo por el bien público, deseo de todo corazón que puedan ser considerados ni más ni menos que como adecuados para promover ese fin.

Aunque se debe reconocer que se puede esperar poco si consideramos la época corrupta y degenerada en la que vivimos. Sé que es una vieja locura quejarse malhumoradamente de los tiempos y achacar los fracasos comunes de la naturaleza humana a una época en particular. Uno puede, sin embargo, aventurarse a afirmar que el presente ha traído consigo nuevas y portentosas villanías, que no tienen paralelo en nuestra propia historia o en ninguna otra. Hemos estado preparándonos por mucho tiempo para una gran catástrofe. El vicio y la villanía se han vuelto poco a poco más respetables entre nosotros; nuestros infieles han pasado por elegantes caballeros y nuestros traidores venales por hombres de juicio que conocían el mundo. Hemos hecho del espíritu público una broma[25] y borrado todo el respeto por lo que nuestras leyes y nuestra religión consideran sagrado. La antigua modestia inglesa está bastante desgastada y en vez de ruborizarnos por nuestros crímenes sólo nos avergonzamos de la piedad y la virtud. En suma, otras naciones han sido malvadas, pero nosotros somos los primeros que hemos sido malvados por principio.

La verdad es que nuestros síntomas son tan malos que, a pesar de todo el cuidado y la vigilancia de la legislatura, es de temer que el fin de nuestro Estado se acerque. Las constituciones fuertes, ya sean políticas o naturales, no sienten los ligeros desórdenes. Pero cuando son sensiblemente afectadas, la destemplanza es casi siempre violenta y de mal pronóstico. Los gobiernos libres como el nuestro fueron establecidos por los godos en la mayor parte de Europa y, aunque todos sabemos en qué se han convertido, parecemos, sin embargo, más dispuestos a seguir su ejemplo que a beneficiarnos de él.

[85]

O bien está en el orden de las cosas que los Estados civiles tengan, como los productos naturales, sus diversos periodos de crecimiento, perfección y decadencia; o bien, como parece más probable, es un efecto de la locura humana que dado que la industria produce riqueza, entonces la riqueza produce vicio y el vicio la ruina.

Dios quiera que no esté cerca el tiempo en que los hombres digan: «Esta isla estuvo una vez habitada por un pueblo religioso, valiente y sincero, de costumbres sencillas e incorruptas, respetuoso del valor innato más que de los títulos y las apariencias, defensor de la libertad, amante de su país, celoso de sus propios derechos y poco dispuesto a infringir los derechos ajenos; promotor del saber y de las artes útiles, enemigo del lujo, sensible a la vida de los demás hombres y pródigo con la suya propia; en nada inferior a los antiguos griegos o romanos y superior a cada uno de esos pueblos en las perfecciones del otro. Así fueron nuestros ancestros durante su ascenso y grandeza; pero degeneraron, se convirtieron en serviles aduladores de los hombres en el poder, adoptaron nociones epicúreas, se volvieron venales, corruptos e injuriosos, lo que atrajo sobre ellos la aversión de Dios y del hombre y ocasionó su ruina final».

Discurso dirigido a los magistrados y hombres de autoridad

Ocasionado por la enorme licencia y la irreligión de los tiempos

Introducción

El *Discurso dirigido a los magistrados y hombres de autoridad* fue pronunciado en Dublín durante la única intervención de Berkeley en la Cámara de los Lores, donde ocupó un asiento en el otoño de 1737. Aunque por lo general se dice que el discurso se publicó en 1738[1], existe información que contraviene esa fecha. En la primera edición de las *Memoirs of George Berkeley* (1776), Joseph Stock, primer biógrafo del irlandés, dice que el *Discurso* vio la luz en 1736: «y su *Queries* propuesto para el bien de Irlanda, impreso por vez primera en 1735, su *Discurso dirigido a los magistrados,* que salió el año siguiente»[2]. En posteriores versiones, revisadas y con añadidos, Stock reitera que el *Discurso* se imprimió en 1736 y añade una nota sobre el porqué de este. Por su parte, Alexander C. Fraser indica en su edición de las obras de Berkeley que el *Discurso* se publicó en 1736 en Dublín y menciona que se reimprimió en 1738 en la misma ciudad: «Este *Discurso* se imprimió por primera vez en Dublín en

1736. Fue reimpreso en 1738 "por George Faulkner", también en Dublín»[3].

Lo anterior lleva a pensar que Berkeley pronunció y publicó su *Discurso* en 1736 y que el informe de 1737 es consecuencia de su alocución, no al revés. De ser así, las cuatro ediciones anónimas de 1738 serían más bien –contrariando lo que indica Jessop y que se asume como un hecho– reediciones. Esto significaría que fue la intervención de Berkeley de 1736 en Dublín lo que llevó a los comités a cargo de asuntos religiosos ante la Cámara de los lores a dar un informe de la situación denunciada, lo que propició que se volviera a reeditar el discurso. De ser esto correcto, el *Discurso* que aquí se traduce correspondería a la segunda versión publicada en 1738 en Londres, que es la que incorpora Jessop en su edición del volumen 6 de las obras completas de Berkeley. El informe que se incluye al final del texto, y que también se publica en español por vez primera, fue añadido como apéndice en la edición de Londres de 1738. En 1752 Berkeley publicó nuevamente el *Discurso* en su *Miscellany*, que apareció simultáneamente en Dublín y en Londres.

El *Discurso* fue motivado, al igual que *Alcifrón,* por la preocupación de Berkeley por la situación social y moral de las islas británicas y por el papel que en ellas desempeñaban los librepensadores. Su inquietud se agudizó durante el período inmediatamente posterior a la publicación de la primera parte del *Querist* (1736), debido a la presencia pública en Dublín de un club libertino conocido como los Blasters[4] al que se acusó de llevar a cabo actividades satánicas. Para Berkeley, ese grupo era síntoma del descuido de la religión y de la podredumbre social, condiciones que propiciaban el aumento de vicios tales como la ociosidad, el lujo, el juego y el consumo excesivo de licores embriagantes. Los Blasters se convirtieron en una causa célebre entre los pensadores irlandeses (Berkeley, Swift y otros escribieron sobre ellos) y en un ejemplo real de las consecuencias desastrosas que, para ellos, traía consigo el librepensamiento, la irreligión y el ateísmo.

El *Discurso*, que incorpora elementos de pedagogía, filosofía y política, constituye una valiosa aportación a la apologética berkeleyana al retomar tanto las críticas de *Alcifrón* contra los librepensadores, particularmente contra Mandeville y Shaftesbury, como los temas que había explorado en *Un ensayo para prevenir la ruina de Gran Bretaña* (1721), entre ellos la relación entre la moral y la salud de una nación. Por otro lado, utiliza recursos retóricos semejantes a los empleados en 1721, cuando buscó despertar a Gran Bretaña de su inmoralidad y decadencia ocasionada por la burbuja económica del Mar del Sur, sólo que en esta ocasión, para convencer a su audiencia de la necesidad de fortalecer la religión, Berkeley se sirve de la indignación popular causada por la existencia de grupos libertinos y anticristianos. En este sentido la crítica a los Blasters es sólo el punto de partida y no el fin en sí mismo, ya que la secta era el síntoma y no la causa. Lo que se cuestiona de fondo es el abandono de la religión por parte del Estado porque eso trae como consecuencia –según Berkeley– que un amplio sector de la población haga lo mismo.

El autor argumenta en su escrito a favor de renovar el liderazgo religioso dentro de la esfera política, porque está convencido de que los librepensadores socavan la religión con sus acciones y eso supone un grave peligro para el Estado; parte de la premisa de que el avance del libertinaje y de la impiedad es en gran medida resultado de la indiferencia de las autoridades y, en concreto, de los magistrados. Esta situación es peligrosa porque, para él, la política y la religión están estrechamente vinculadas y no pueden mantenerse la una sin la otra. De aquí surge la idea de fondo del discurso: la sociedad, comandada por el Estado con apoyo de la Iglesia, tiene como objetivo moldear al ser humano para que sea capaz de trabajar de forma cooperativa por el bien común, «domar a este animal y hacerlo dócil al orden, inculcarle un sentido de la justicia y la virtud [...], formarlo y modelarlo para la sociedad». Para realizar esto es necesario que ambas instituciones siembren y enseñen buenos principios, con los que se pueda controlar los deseos de los individuos.

Para ello es necesario inculcar un fuerte sentido de la moral a través de la educación, tema recurrente en el autor[5]. Berkeley entiende que la moral descansa en los prejuicios u opiniones adquiridos desde la infancia y considera que sólo la religión cristiana es capaz de inculcar buenas nociones que permitan formar creyentes honestos y ciudadanos íntegros. Los principios inculcados no sólo son útiles, sino necesarios, por lo que no se debe permitir que los librepensadores los socaven ni que alienten a otros a rechazarlos, más aún porque no se dan cuenta de que al hacerlo ponen en riesgo a la religión y también al orden social existente, lo que va incluso contra sus propios intereses. El papel de la religión es capital porque sólo ella, al apostar por la inmortalidad e infundir el temor a Dios, puede hacer a los hombres verdaderamente virtuosos[6] y posibilitar con ello la prosperidad del Estado[7]. Por lo tanto, la manera de luchar contra los vicios sociales no es tanto reformando la constitución como reviviendo e inculcando preceptos religiosos del pasado, de ahí que el magistrado tenga la responsabilidad de asegurar el «cuidado público de una religión nacional». Sólo si cumple con aquella será posible detener la degradación social y evitar lo que parece inevitable: la ruina y la destrucción social.

Discurso dirigido a los magistrados y hombres de autoridad

Ocasionado por la enorme licencia y la irreligión de los tiempos[1]

> Galión no le prestó atención
> a ninguna de esas cosas.
>
> Hechos XVIII, 17

Discurso dirigido a los magistrados y hombres de autoridad

A primera vista, las pretensiones y el discurso de los hombres de estos reinos lo llevarían a uno a pensar que sus habitantes fueran todos políticos; y, sin embargo, tal vez la sabiduría política no ha sido en ninguna época o en ningún país más discutida y menos comprendida. La licencia se toma como el fin del gobierno y el humor popular como su origen. No hay reverencia por las leyes, no hay apego a la constitución, poca atención a los asuntos de importancia y grandes altercados por nimiedades, proyectos tan ociosos sobre la religión y el gobierno como si el público tuviera ambos para elegir, un desprecio general hacia toda autoridad, divina y humana, una indiferencia por las opiniones prevalecientes, ya sea que tiendan a producir orden o desorden, a promover el imperio de Dios o del demonio. Estos son los síntomas que marcan fuertemente la época actual y nunca se hubiera llegado a tal situación si un descuido por la religión no hubiera dado paso a ello.

Cuando los judíos acusaron a Pablo por asuntos religiosos y cuestiones sobre su ley ante Galión[2], el magistrado romano, se dice que este «no le prestó atención a ninguna de esas cosas». Y es de temer que no haya pocos magistrados en este país cristiano que piensen con la misma indiferencia sobre el tema de la religión. En esto, sin embargo, juzgan mal y faltan mucho a su deber. Pues aunque se admita que el objeto peculiar del magistrado es la prosperidad temporal del Estado, esto por ningún motivo excluirá el cuidado de las nociones y opiniones prevalecientes de la religión, que influyen en la vida y acciones de los hombres y tienen, por tanto, un fuerte efecto sobre el público. El comportamiento de los hombres es la consecuencia de sus principios. De ahí que para hacer que un Estado prospere y florezca se debe tener cuidado de que los buenos principios se propaguen en las mentes de quienes lo componen[3].

Sería vano depender de la forma exterior de un Estado, de su constitución y estructura, mientras la mayoría siempre se gobierna por sus formas de pensar interiores, que a veces emergerán y se mostrarán por encima de todas las leyes e instituciones cualesquiera que sean. Por ello, es una gran locura ignorar las nociones[4] como asuntos de poca importancia para el Estado, mientras que la experiencia muestra que no hay nada más importante y que un desorden prevaleciente en los principios y opiniones de sus miembros es siempre peligroso para la sociedad y capaz de producir los mayores males públicos.

[202]

El hombre es un animal formidable tanto por sus pasiones como por su razón; sus pasiones le instan frecuentemente a grandes males y su razón le proporciona los medios para alcanzarlos. Domar a este animal y hacerlo dócil al orden, habituarlo a un sentido de la justicia y de la virtud, detenerlo de tomar rumbos dañinos por el miedo, y alentarlo en su deber con la esperanza, en suma, formarlo y modelarlo para la sociedad ha sido el propósito de las instituciones civiles y religiosas, y el esfuerzo en todas las épocas de los hombres buenos y sabios. Siempre se ha juzgado que el método más adecuado para lograr este fin consiste en una apropiada educación[5].

Si las acciones de los hombres son un efecto de sus principios[6], es decir, de sus nociones, su creencia y sus persuasiones, se debe admitir que los principios implantados tempranamente en la mente son semillas que producen fruto y cosecha en el estado maduro de la adultez. Por más que algunos hombres hablen con ligereza de las nociones, sin embargo, dado que el alma gobierna al cuerpo, las nociones de los hombres deben influir en sus acciones, más o menos según sean más fuertes o débiles y para bien o para mal según sean mejores o peores.

Nuestras nociones y opiniones son un freno constante sobre nuestros apetitos y un equilibrio para nuestras pasiones. Y aunque no puedan controlarlos y regirlos a cada instante, nunca dejan de afectar fuertemente tanto a los unos como a las otras. ¿Qué es lo que frena los deseos impetuosos de los hombres? ¿Qué los contiene cuando son conducidos por las pasiones más violentas? En una palabra, ¿qué es lo que hace este mundo habitable sino las nociones predominantes de orden, virtud, deber y providencia? Algunos, tal vez, pueden imaginar que el ojo del magistrado es suficiente para mantener a la humanidad en el temor. Pero si el corazón de cada hombre estuviera determinado a hacer todo el daño que su apetito le incitara, con tanta frecuencia como la oportunidad y el sigilo se presentaran, no podría haber vida en la tierra.

Y aunque muchos de los encargados del poder civil pueden en estos nuestros días decir con Galión: «ninguna de esas cosas me preocupa»[7], y muchos más, que pasarían por hombres de juicio y conocimiento, pueden considerar las nociones tempranamente infundidas –antes de que sus fundamentos y razones sean aprendidos o entendidos– como meros prejuicios, esto, sin embargo, nada les quitará de su verdad y utilidad. Para poner esta cuestión en su justa medida, propongo mostrar que un sistema de nociones saludables es absolutamente necesario para el apoyo de toda constitución civil. Reforzaré este punto con el testimonio[8] de aquellos que son considerados los hombres más sabios y haré algunas observaciones sobre el imperante espíritu moderno y la tendencia de las máximas de nuestros tiempos.

El orden es necesario no sólo para el bienestar, sino para el verdadero ser del Estado. Ahora bien, el orden y la regularidad en las acciones de los hombres no es un efecto del apetito o la pasión, sino del juicio, y este es gobernado por nociones u opiniones. En consecuencia, es necesario que en todo Estado exista un cierto sistema de nociones saludables, un conjunto prevaleciente de opiniones, adquiridas o por la razón privada y la reflexión o enseñadas e inculcadas por la razón general del público, esto es, por la ley del país. Es verdad que cuando los hombres no pueden o no quieren usar su propia razón ni pensar y analizar por ellos mismos, las nociones enseñadas o inculcadas en sus mentes son abrazadas más por la memoria que por el juicio. Tampoco será ninguna objeción decir que se trata de prejuicios, pues no por ello son menos útiles ni menos verdaderos, aunque sus pruebas no puedan ser entendidas por todos los hombres[9].

Los hábitos licenciosos de la juventud continúan afectando la forma de pensar y de comportarse en la adultez; el joven libertino se convierte en un viejo infiel; las prácticas libertinas producen opiniones libertinas y una vida viciosa generalmente termina en una vejez llena de prejuicios que no puede ser dominada por la razón. De esto vemos ejemplos incluso en personas aclamadas por sus cualidades y que razonan admirablemente en otros puntos en los que no están prejuiciados, pero en materia de religión imponen sus supuestos, conjeturas e incorrectas insinuaciones como argumentos. Contra esto no hay razonamiento que valga[10].

Los prejuicios son nociones u opiniones que la mente alberga sin conocer sus fundamentos o razones y que son asentidos sin ser examinados. Por consiguiente, las primeras nociones que se apoderan de las mentes de los hombres con respecto a obligaciones sociales, morales y civiles pueden ser llamadas con justicia prejuicios. La mente de una joven criatura no puede permanecer vacía; si no le introduces lo que es bueno, seguramente recibirá lo que es malo. [204]

Hagan lo que hagan, seguirá habiendo un sesgo de la educación; y de ser así[11] ¿no es mejor que dicho sesgo esté dirigido a cosas encomiables y útiles para la sociedad? Este sesgo sigue operando, aunque no siempre prevalezca. Las primeras nociones que se inculcan son las que más influyen, las que echan las raíces más profundas y las que por lo general le dan color y complexión a la vida posterior de los hombres, puesto que son, en verdad, la gran fuente de las acciones humanas. No es el oro, ni el honor, ni el poder lo que mueve a los hombres a actuar, sino las opiniones que tienen de esas cosas. De ahí que si un magistrado dice «no importa qué nociones abracen los hombres, prestaré especial atención a sus acciones», muestra en ello su debilidad, pues según sean las nociones de los hombres así serán sus actos.

Que un hombre haga lo que le gustaría que otros le hicieran, que ame a su prójimo como a sí mismo, que honre a sus superiores, que crea que Dios examina todas sus acciones y las recompensará o castigará y que piense que quien es culpable de falsedad o injusticia se daña a sí mismo más que a ningún otro, ¿no son estas nociones y principios los que, sobre todas las cosas, todo sabio gobernador o legislador anhelaría haber arraigado en la mente de cada individuo bajo su cuidado? Esto lo admiten incluso los enemigos de la religión, quienes desearían que se pensaran el producto de la política de Estado, honrando su utilidad al mismo tiempo que desprecian su verdad. En consecuencia, lo que no se puede adquirir por el razonamiento de cada hombre debe ser introducido por precepto y fijado por la costumbre; es decir, el grueso de la humanidad debe, en todas las sociedades civilizadas, tener su mente, por la temprana instrucción, bien aderezada y provista de nociones apropiadas que, aunque los fundamentos o pruebas de estas le sean desconocidos, influirán sin embargo en su conducta hasta el punto de convertirlo en un miembro útil del Estado. Pero si despojas a los hombres de sus nociones o, si lo prefieres, de sus prejuicios respecto a la modestia, decencia, justicia, caridad y otras cosas semejantes, pronto los encontrarás como monstruos, totalmente incapacitados para la sociedad humana.

Deseo que se considere que la mayoría de los hombres carece de tiempo libre, de oportunidad o de facultades para derivar conclusiones de sus principios y establecer la moral sobre una base de ciencia humana. Es verdad (como observa san Pablo) que «a partir de la creación del mundo las cosas invisibles de Dios son claramente visibles» (Romanos 1, 20). Y de allí se pueden descubrir los deberes de la religión natural. Pero estas cosas son vistas y descubiertas sólo por aquellos que abren sus ojos y miran atentamente con ellos. Ahora bien, si miras a través del mundo no encontrarás sino unos cuantos de estos atentos investigadores y seres inquisitivos, muy pocos son los que se esfuerzan por analizar las opiniones y seguirlas a su fuente racional, por examinar de dónde surgen las verdades y cómo se infieren. En suma, encontrarás a todos los hombres llenos de opiniones, pero conocimiento sólo en unos pocos. [205]

Es imposible, por la naturaleza y las circunstancias del género humano, que la multitud sea filósofa o que conozca las causas de las cosas. Vemos todos los días que las reglas o conclusiones por sí solas son suficientes para que el tendero haga sus cuentas, el marinero navegue su barco o el carpintero mida su madera; ninguno de ellos entiende la teoría, es decir, los fundamentos y las razones de la aritmética o la geometría[12]. Aun así, en asuntos morales, políticos y religiosos, es evidente que las reglas y las opiniones infundidas pronto, al primer amanecer del entendimiento y sin el menor vislumbre de ciencia, pueden todavía producir excelentes efectos y ser muy útiles para el mundo; y que de hecho lo son será bastante claro para todo aquel que observe lo que pasa a su alrededor.

No puede ser malo inculcar que la diferencia entre los prejuicios y las demás opiniones no consiste en esto, que los primeros son falsos y los últimos verdaderos, sino en esto, que los primeros se toman sobre la base de la confianza y los últimos se adquieren mediante el razonamiento. El que ha sido enseñado a creer en la inmortalidad del alma puede estar tan seguro en su noción como el que ha razonado por sí mismo sobre esa opinión. En consecuencia, no se colegirá de ninguna manera que porque esta o aquella noción sea un prejuicio tenga que ser por lo tanto falsa. El no distinguir entre prejuicios y errores es un descuido prevaleciente entre nuestros modernos librepensadores.

Puede haber, en efecto, ciertos prejuicios u opiniones que, sin tener razones asignadas o asignables para apoyarlos, están sin embargo albergados en la mente porque fueron introducidos pronto en ella. Tales prejuicios u opiniones pueden suponerse falsos, no porque fueron aprendidos tempranamente o porque fueron aprendidos sin sus razones, sino porque en verdad no hay razones que den cuenta de ellos.

Ciertamente, si se puede concluir que una noción es falsa porque fue infundida a temprana edad o porque es, para la mayoría de los hombres, un objeto de creencia más que de conocimiento, uno puede por el mismo razonamiento concluir que varias de las proposiciones de Euclides son falsas. Lo que corresponde a la humanidad en general es la aprehensión simple de las conclusiones tomadas en sí mismas, sin las deducciones de la ciencia. El temor religioso, los preceptos de los padres y de los maestros, la sabiduría de

[206]

los legisladores y la experiencia acumulada de los siglos ocupan el lugar de las pruebas y los razonamientos para el vulgo de todos los rangos: Yo diría que la disciplina, la constitución nacional y las leyes humanas o divinas son otros tantos hitos claros, que lo guían por los caminos que se supone que debe recorrer.

De lo que se ha expuesto se colige claramente que para el grueso de la humanidad hay y debe haber prejuicios, esto es, opiniones tomadas sobre la base de la confianza o, en otras palabras, que hay puntos de fe entre todos los hombres así como los hay entre los cristianos.

Y así como es evidente que la parte irreflexiva de cada época, sexo y condición entre nosotros debe recibir necesariamente nociones con la sumisión de la fe, del mismo modo es muy razonable que sometan su fe a las autoridades humanas y divinas más importantes, a saber, la ley y el evangelio. Pero si alguna vez se destruye toda reverencia por estos, nuestros pretendientes al conocimiento moral no tendrán ninguna autoridad para imbuir a la multitud de nociones que puedan controlar sus apetitos. De todo esto resulta que los modernos esquemas de nuestros librepensadores, que pretenden separar la moral de la religión, por muy racional que les pueda parecer a sus admiradores, son, en verdad y en efecto, de lo más irracional y pernicioso para la sociedad civil.

Dejen que cualquiera que piense un poco considere el estado salvaje de los hombres indisciplinados, cuyas mentes no se nutren de ninguna doctrina, no mejoran con ninguna instrucción, no se gobiernan por ningún principio. Déjenlo al mismo tiempo reflexionar sobre una sociedad de personas educadas en los principios de nuestra iglesia, formadas desde temprano para temer a Dios, para reverenciar a sus superiores, para ser agradecidas con sus benefactores, para perdonar a sus enemigos, para ser justas y caritativas con todos los hombres, y entonces será capaz de juzgar los méritos de quienes son tan activos en liberarnos de los prejuicios de la educación.

Entre las muchas nociones indignantes introducidas en estos tiempos vertiginosos, se debe reconocer una especie de estima que algunos de nuestros vituperadores contra el prejuicio se han hecho por los salvajes, a quienes consideran gente virtuosa y desprejuiciada. Como prueba de ello, [207] alegan que estos están exentos de muchos de los vicios practicados por las naciones civilizadas. Ahora bien, es muy cierto que entre los salvajes se encuentran pocos casos de lujo, avaricia o ambición, pero no porque posean las virtudes opuestas, sino porque carecen de las oportunidades y facultades para tales vicios. Por la misma razón por la que no los ves en los brutos.

Lo que ellos valoran y admiran en esas criaturas no es su inocencia, sino su ignorancia; no es virtud, sino necesidad. Dales los medios para transgredirla y no conocerán límites. Por ejemplo: proporciónales el agua de beber con un fuerte licor y estarán ebrios durante días y noches enteras. Una vez más: admitimos que un salvaje inculto no sabe cómo desbancar a un rival con la refinada traición de un cortesano; sin embargo, si pones a su enemigo en su poder pronto verás qué deleite y horrible gusto tiene ese monstruo por la crueldad.

Por encima de todas las demás, las nociones religiosas, o si quieres los prejuicios (pues ya se ha dicho que eso no les quita mérito alguno a su verdad y utilidad), son las que tienen la mayor influencia; ellas son el freno más fuerte contra el vicio y el incentivo más eficaz para la conducta honorable. Y, de hecho, ya sea que consideremos la razón de las cosas o la práctica de los hombres en todas las épocas, debemos estar satisfechos de que nada verdaderamente grande y bueno puede entrar en el corazón de alguien que no esté ligado a los principios de la religión, que no crea en la Providencia, que no le tema al infierno ni tenga esperanza en el cielo.

Castigos y recompensas siempre han tenido y siempre tendrán el mayor peso en los hombres, y los más considerables de ambos tipos son propuestos por la religión, cuyas obligaciones coinciden con las opiniones del magistrado civil; se sigue indudablemente que nada puede darle más fuerza a un gobierno bueno y justo que la religión. Por lo tanto, concierne principalmente a los gobernadores mantenerse atentos a la religión de sus súbditos. Y en realidad es una lección al magistrado y al pueblo, al príncipe y al súbdito, «guarda mis mandamientos y vivirás, y guarda mi ley como la niña de tus ojos» (Proverbios 7, 2).

Aunque de lo que se ha dicho no se sigue que se les deba [208] prohibir a los hombres el libre uso de la razón y la indagación, seguramente se colegirá que, sin una buena razón, un hombre no debería rechazar aquellas nociones que le han sido infundidas por las leyes y la educación de su país. E, incluso, que quienes piensan que tienen la razón no tienen derecho a imponérsela a otros[13]. Es verdad que la autoridad divina es superior a todos los prejuicios humanos, las instituciones y consideraciones cualesquiera. Y es sabio, aunque riesgoso para la libertad o la vida, obedecer a Dios más que a los hombres. Pero nuestros modernos reformadores del prejuicio no tienen nada que alegar en ese senti-do[14].

No hay magistrado tan ignorante como para no saber que el poder, el poder físico, reside en el pueblo, pero la autoridad proviene de la opinión y esta autoridad es necesaria para contener y dirigir el poder del pueblo y, por esta razón, la religión es el gran soporte y apoyo de un Estado. Toda religión que inculca la virtud y desaprueba el vicio es hasta ahora de beneficio público. La religión cristiana no sólo hace eso, sino, más aún, sacraliza toda constitución legal al ordenar nuestra sumisión a ella[15]. «Deja que cada alma sea súbdita de los más altos poderes, dice Pablo, pues esos poderes son ordenados por Dios» (Romanos 13, 1). Y en efecto, desde hace muchos años, al mismo tiempo que la reverencia por nuestra Iglesia y religión ha ido decayendo y desapareciendo de las mentes de los hombres, se puede observar que en proporción la lealtad ha perdido terreno; y ahora la propia palabra parece bastante olvidada. La sumisión por la conciencia, así como por la ira, fue alguna vez considerada una enseñanza útil, pero ahora, junto con otras buenas enseñanzas, se deja de lado como un prejuicio obsoleto.

El príncipe o magistrado, por importante o poderoso que sea, que piense que su propia autoridad es suficiente para hacerse respetar y obedecer se encuentra en un lamentable error y no dejará de saberlo tarde o temprano. La obediencia a todo poder civil está arraigada en el miedo religioso de Dios: es propagada, preservada y alimentada por la religión. Esta hace a los hombres obedecer, no porque los vigilen, sino por una sinceridad de corazón[16]. Las consideraciones humanas pueden contener a los hombres de cometer delitos públicos o penales, pero el miedo de Dios es una restricción contra todos los grados de crímenes, sin importar su circunstancia. Aleja este soporte y sostén de obligación, esta raíz de la autoridad civil, y todo lo que fue sostenido o cultivado por ella pronto languidecerá. La autoridad, el verdadero ser del magistrado, resultará una cosa pobre y precaria. [209]

Un sentido interior de la majestad suprema del Rey de reyes es lo único que puede engendrar y preservar un verdadero respeto a todos los niveles de poder subordinados a su majestad, fijándose el primer eslabón de la autoridad en el trono de Dios. Pero en nuestros días esa *majestas imperii*, esa sacralidad de carácter que arraigada a un principio religioso era la gran guardiana y la seguridad del Estado, se ha convertido –por falta de ella– en objeto de desprecio público[17]. Y en realidad, ¿qué influencia puede tener el príncipe o magistrado sobre la conciencia de aquellos que no tienen conciencia? ¿Cómo puede construir sobre los principios de quienes no tienen principios? ¿O cómo puede esperar respeto donde Dios mismo es olvidado?

Está claro que ningún príncipe sobre la tierra puede esperar gobernar bien o incluso vivir tranquilo y seguro, mucho menos respetado por su pueblo, si no contribuye con su ejemplo y autoridad a mantener en sus mentes un sentido reverencial hacia la religión. En cuanto al sentido moral y la aptitud moral, o las relaciones eternas, es tan evidente por los hechos y la experiencia lo insuficientes que son esas cosas para establecer nociones justas y generales de moralidad o para mantener a los hombres dentro de los debidos límites, que no necesito entrar ahora en una disquisición particular sobre ellas[18].

Se debe reconocer que las garras de rapiña y la violencia se pueden reducir y mitigar en algún grado con la política exterior de un Estado. ¿Pero no deberíamos más bien intentar, si es posible, arrancarlas por completo? Los efectos perjudiciales de la maldad a menudo pueden ser reparados por la justicia pública. Pero ¿no sería mejor enmendar la causa y mediante un principio interior extirpar la maldad de los corazones, en vez de depender totalmente de leyes humanas para prevenir o corregir los malos efectos de ello? «Puedo (dijo el doctor chino Confucio) escuchar y resolver controversias como cualquier otro, pero lo que quisiera es que los hombres, por un amor interior a sí mismos y hacia los demás, se abstuvieran de ellas»[19].

[210] Muchos en esta época de comentarios y proyectos licenciosos están encantados con los esquemas republicanos[20] e imaginan que podrían remediar todo lo que estaba mal, y volver un pueblo ilustre y feliz, simplemente con un nuevo plan o forma de gobierno. Esta peligrosa forma de pensar y hablar se está volviendo familiar por la absurda libertad de estos tiempos[21]. Pero ¡ay! esos hombres no parecen haber considerado ni la verdadera causa ni la cura de los males públicos. Aunque el plan sea excelente o los arquitectos muy capaces, ningún hombre en su sano juicio se encargaría de construir un palacio con puro barro o lodo. Tiene que haber materiales adecuados y sin principios religiosos los hombres no pueden tener materiales apropiados para ninguna sociedad, mucho menos para una república. La religión es el centro que une y el cemento que conecta las distintas partes o miembros del cuerpo político. Así lo han sostenido todos los sabios desde los tiempos más remotos hasta nuestros ingenuos contemporáneos quienes, si están

en lo correcto, se debe admitir que todo el resto del mundo ha estado equivocado.

Desde el conocimiento de que es absolutamente necesario para el gobierno de un Estado que los corazones y las mentes de las personas estén imbuidos interiormente con buenos principios, Platón[22] dice que «Júpiter, para preservar la raza humana de perecer, envió a Mercurio con órdenes de introducir en ellos la modestia y la justicia como los lazos más firmes de la sociedad humana, y sin los cuales esta no podría subsistir». Y en otra parte el mismo autor[23] señala claramente como su sentir que «en cuanto a esos grandes deberes que los apetitos y las pasiones de los hombres tornan difíciles, parecerían provistos por la obra de Dios más que por la de legisladores humanos, si fuera posible esperar un sistema de leyes enmarcado y promulgado por Dios mismo». Vean cuánto coinciden las instituciones mosaicas y cristianas con los deseos de los paganos más sabios.

Moisés, es verdad, no insiste en un estado futuro, la base común de todas las instituciones políticas; tampoco otros legisladores hacen una mención particular de todas las cosas necesarias, sino que suponen algunas cosas como generalmente conocidas o creídas. La creencia en un estado futuro (que evidentemente lo judíos poseyeron mucho antes de la llegada de Cristo) parece que fue obtenida entre los hebreos de la tradición antigua, lo que pudo hacer innecesario que Moisés insistiera en ese asunto. Pero los saduceos y epicúreos fueron, con el paso del tiempo, tan lejos a la hora de extirpar ese sentimiento original y antiguo, que estuvo en peligro de que se perdiera de no haber sido porque fue enseñado y promulgado en una nueva luz por nuestro bendito Salvador.

[211]

Pero muchos de entre nosotros que pasarían por defensores de la verdad y la libertad están acostumbrados a vituperar esta y todas las demás opiniones establecidas, por considerarlas prejuicios que se enseñan a la gente lo quiera o no, y antes de que sean capaces de distinguir si son correctas o incorrectas. Esos amantes de la verdad harían bien en considerar que en asuntos políticos, morales y religiosos las opiniones del vulgo, ya sea que vaya en carrozas o camine a pie, son en su mayor parte prejuicios; y no importa qué lado de la cuestión abrace, ya sea que siga las antiguas máximas de la religión de su país o las modernas instrucciones de sus nuevos maestros. Ya he observado que el hecho de que una cuestión sea útil y se inculque a tiempo no puede ser argumento de su falsedad, incluso aunque sea un prejuicio; muy al contrario, utilidad y verdad no deben dividirse; el bien general de la humanidad es la regla o medida de la verdad moral[24].

Añadiré ahora que sería de esperar que muchos de los que están más ansiosos por desterrar los prejuicios fuesen los primeros en sentir la falta de ellos. Es incluso lamentable pensar lo que sería de ciertos declamadores moderados sobre ese asunto si el prejuicio realmente se dejara de lado y si todos los hombres fueran juzgados según la escala exacta de sus méritos y considerados sólo en proporción a su valor intrínseco. Algunos prejuicios se basan en la verdad, la razón y la naturaleza. Tales son los respetos que se guardan en todos los países civilizados al conocimiento, al aprendizaje, a la edad, a la honestidad y al coraje. Otros son puramente el efecto de constituciones particulares, tales son los respetos, derechos y preeminencias atribuidas a algunos hombres por sus súbditos a causa de su nacimiento o calidad; los cuales, en los grandes imperios de Turquía y China, no se consideran valiosos y no se considerarán valiosos en otros lugares tan pronto como los hombres se hayan liberado de sus prejuicios y hayan aprendido a despreciar las constituciones de sus países. Puede ser conveniente que aquellos que están preocupados reflexionen sobre esto mientras aún hay tiempo. [212]

Dios, que comprende en sí mismo el principio, el fin y el medio de todas las cosas y todos los tiempos, ejerce Su poder [*energy*] a través de toda la creación. Nunca deja de influir, sea por instinto, por la luz de la naturaleza o por su voluntad revelada. Y es la obligación de los magistrados y legisladores cultivar e incitar esas impresiones divinas en las mentes de todas las personas bajo su cuidado. No debemos pensar que por ser la obra de Dios no debe ser secundada por el cuidado humano. Muy al contrario, por esa misma razón exige nuestro máximo cuidado y diligencia, siendo una obligación indispensable de todos los hombres buenos, durante todo el transcurso de sus vidas, cooperar con los designios de la Providencia. En religión, como en la naturaleza, Dios hace algo y algo tiene que hacer el hombre. Él hace que la tierra produzca materiales para el alimento y la vestimenta; pero la industria humana tiene que mejorar, preparar y aplicar adecuadamente tanto lo uno como lo otro o la humanidad perecerá por el frío y el hambre. Y de acuerdo con esta misma analogía[25], los principios de la piedad y la religión, las cosas que pertenecen a nuestra salvación, aunque original y primariamente sean la obra de Dios, requieren no obstante la protección del gobierno humano, así como el fomento y la ayuda de todos los hombres buenos y sabios.

Y si la religión es necesaria en todos los gobiernos, parece serlo más especialmente en las monarquías, ya que las costumbres frugales y las fortunas más equitativas en las repúblicas no inflaman tanto los apetitos de los hombres, o no permiten tal poder o tentación hacia el mal, como el alto estado y la gran riqueza de los nobles bajo un rey. Por consiguiente, aunque el magistrado (como ya se observó) tiene como razón de ser el bienestar temporal del Estado, esto de ninguna manera lo eximirá del debido cuidado de la religión de su país.

Cuál era la opinión de nuestros ancestros sobre este punto se muestra a lo largo de toda la constitución de estos reinos; y para justificar esta constitución y la sabiduría de aquellos que la plantearon, suplicaré que se me permita hacer uso de algunos testimonios insospechados, antiguos y modernos, que mostrarán que el cuidado público de una [213] religión nacional ha sido siempre el punto más importante en la consideración de los hombres sabios, por más que lo desacredite la licencia imperante de nuestros tiempos.

El primer testimonio que proporcionaré es el de Zaleuco, el famoso legislador de los locrianos, quien en su preámbulo a sus leyes[26] empieza con la religión, estableciéndola como la piedra angular o fundamento de toda su superestructura, «que todo habitante súbdito del Estado sea persuadido de que hay un Dios y una divina Providencia; que la única manera de llegar a ser querido por Dios es esforzándose, sobre todas las cosas, por ser bueno tanto en acto como en voluntad; que un ciudadano digno es aquel que prefiere la integridad a la riqueza». Además, advierte a quienes son difíciles de persuadir que «consideren la providencia de Dios y los castigos que les esperan a los malvados, y que en todas sus acciones estén siempre atentos al último día como si fuera el presente; o en caso de que el diablo[27] tiente a un hombre a pecar, lo exhorta a frecuentar los templos y los altares orando e implorando la asistencia divina».

Aristóteles[28], disertando sobre los medios para preservar la monarquía, advierte al magistrado supremo que sobre todas las cosas se muestre a sí mismo entusiasta en asuntos religiosos; y esto particularmente por dos razones: «1) Porque los súbditos tendrán menos temor de uno que teme a Dios. 2) Porque serán menos propensos a rebelarse contra el que consideran el favorito del cielo». Y en otro lugar este mismo filósofo recomienda el culto a los dioses como la primera preocupación del Estado[29].

Platón también comienza sus *Leyes* con el cuidado de los ritos religiosos. Él incluso mantiene que la religión o el culto divino son el principal propósito y objetivo de la vida humana[30].

Hipodamo de Mileto[31], en su esquema de una república, distribuyó una tercera parte de la tierra para mantener el culto divino[32].

Los historiadores y poetas romanos abundan en pasajes que atribuyen los éxitos de su gobierno a la religión y su declive a la falta o abandono de esta, que puede parecer impertinente entrar en detalle de lo que cualquier escolar conoce. [214]

Para pasar de la autoridad antigua a la moderna, el propio Maquiavelo representa a la religión como absolutamente necesaria para mantener el orden civil y el gobierno. Observa que por muchos años hubo el sentido más reverencial de la religión en los antiguos romanos y que esto facilitó mucho sus grandes proyectos. Observa igualmente, y muestra con diversos ejemplos, que los romanos temieron más romper un juramento que transgredir las leyes; y que aquellas cosas que incluso el amor a su país y a su constitución no pudieron generar fueron introducidas por un sentido de la religión. En suma, concluye que la antigua Roma estaba más obligada a Numa, que estableció una religión nacional, que al propio Rómulo, el fundador de ese Estado[33].

Y aquí, por cierto, observaré que algunos pueden imaginar que las diversas formas e instituciones de la religión deberían inquietar las mentes de los hombres con respecto a su verdad y a su certeza[34]. Pero esta cuestión correctamente considerada producirá, pienso, un efecto contrario. Muestra en realidad que los hombres, tentando su camino por el obscuro crepúsculo de la naturaleza, sólo se aproximaron a la verdad, unos más cerca, otros más lejos, aunque todos estaban lejos de alcanzarla. Pero igualmente muestra, en general y tomando todo en cuenta, que la religión es tan natural para nuestras mentes, tan útil para la sociedad y tan esencial para el mundo, que bien podría probar su verdad y hacerla digna del cuidado divino de propagarla mediante profecías, milagros[35] y la misión del Hijo de Dios.

Felipe de Comines[36], un sabio estadista y honesto escritor que tuvo gran experiencia en diversos asuntos, declara ser su opinión «que la falta de religión es la única fuente de todos los males».

Y ese hábil ministro, el famoso señor Colbert[37], hace la observación de que «si alguna vez el carácter eclesiástico como tal es vilipendiado, el magistrado civil e incluso la corona misma perderán toda autoridad».

No sería difícil presentar un sinfín de testimonios en favor de una religión nacional de nuestros escritores más eminentes; pero me contentaré con añadir sólo uno y de un escritor muy insospechado, el señor Harrington, autor de *Oceana,* quien muestra que ser justo y equitativo es lo que otros han probado que es conveniente: «Un hombre (dice él) que, abogando en favor de la libertad de conciencia, rechace la libertad de la conciencia nacional, debe ser lo más absurdo»[38]. Y nuevamente: «Si la convicción de la conciencia privada de un hombre produce su religión privada, la convicción de la conciencia nacional debe producir una religión nacional»[39]. [215]

Todos estos testimonios son tomados de hombres pensantes y políticos capaces, ninguno de los cuales se puede suponer que haya dicho lo que en realidad no pensó, y hubiera sido muy fácil haber incrementado el número. Pero lamento haberme visto obligado a mencionar algunos para probar un punto tan claro y fundamental como el de una religión nacional. Es, en verdad, una necesidad vergonzosa en la que nos encontramos, la de probar a esta hora del día los primeros elementos, no diré del cristianismo, sino incluso de la luz natural, a partir de las razones y los testimonios. El espíritu de los tiempos ha hecho esto inevitable.

Si después de todo se preguntaran, ¿cómo es que sucede, entonces, que las máximas predominantes y de moda entre nuestros superiores sean en una nación vecina[40] directamente contrarias a todas esas razones y testimonios? Responderé esta cuestión preguntando, ¿cuándo fueron conocidos nuestros vecinos por abundar en tal grado de bandoleros, asesinos, ladrones de casas e incendiarios? ¿Cuándo ha habido tal número de personas que comentan

suicidio? ¿Cuándo hubo un desprecio tan general e inde-
cente de todo lo considerado sagrado, tanto en el Estado
como en la Iglesia? ¿Cuándo se conocieron entre ellos tales
fraudes públicos y confabulaciones tan claras en su vileza
como las que ha producido la época actual? ¿Cuándo fueron menos valorados por la humanidad, más divididos en
casa o más insultados en el extranjero?

Nosotros, los de esta tierra, tenemos una tendencia fatal
a pasar por alto las buenas cualidades y a imitar lo que está
mal en aquellos a quienes respetamos. Esto me lleva a hacer algunas observaciones sobre el espíritu moderno de reforma que actúa tan fuertemente en estos dos reinos.

La libertad de pensamiento es la súplica y el reclamo general de la época y todos admitimos que el pensamiento es
el camino para conocer, y cuanto más conocimiento real
haya en la tierra más probable será que prospere. No estamos, por tanto, en contra de la libertad de pensamiento,
sino en contra de aquellas personas irreflexivas y arrogan-
tes[41] que, en estos tiempos extraños y bajo ese pretexto, se
erigen en reformadores y nuevos moldeadores de la constitución. Nos declaramos en contra de aquellos que aparta-
rían a personas ignorantes e inexpertas de la reverencia que
le deben a las leyes y a la religión de su país, y que bajo la
noción de extirpar prejuicios borrarían de sus mentes todas
las impresiones de piedad y de virtud para introducir prejuicios de otro tipo, que son destructivos de la sociedad.

Estimamos como una cosa terrible el reírse de los temores de un estado futuro[42], como hace el autor de las *Características*[43], o el sostener, como hace quien escribió la *Fábula
de las abejas,* que «las virtudes morales son el fruto político
que la adulación engendró en el orgullo»[44]; que «en la mo-

ral no hay mayor certeza que en las modas del vestir»[45]; que en realidad «la doctrina de las buenas costumbres enseña a los hombres a hablar bien de todas las virtudes, pero no exige de ellas en ninguna época o país más que la apariencia exterior de las que están de moda»[46]. Estos dos autores de sistemas infieles, quienes parten de principios opuestos, están planeando atraer a toda la humanidad, halagando su vanidad o sus pasiones, a un sistema u otro. Y, sin embargo, las personas entre las que se publican tales libros se preguntan cómo es que sucede que el magistrado civil pierde diariamente su autoridad, que las leyes son pisoteadas y que el súbdito vive en constante temor de ser robado o asesinado, o que su casa sea incendiada en su presencia.

Se puede suponer que el arte de criticar, que por encima de todos es el más fácil de aprender, se ajusta mejor a una educación moderna. Hay demasiados de mejores fortunas que entendimientos que han hecho de la investigación de la verdad una parte muy pequeña de su cuidado; ellos ven algo pero no lo suficiente. Sería deseable que supieran menos o más. Una cosa es evidente, no saben; es decir, que mientras vituperan los prejuicios se están arruinando a sí mismos: no comprenden (lo que se ha insinuado antes) que toda su figura, su existencia política, se debe a ciertos prejuicios vulgares en favor del nacimiento, del título o de la fortuna, que nada añaden de valor real a la mente o al cuerpo y que, sin embargo, causan que la persona más despreciable sea respetada.

La libertad de pensamiento es la prerrogativa del género humano; es una cualidad inherente a la naturaleza misma de un ser pensante. Nada es más evidente que cada uno puede pensar a su manera, a pesar de cualquier fuerza o po- [217]

179

der exterior. Por consiguiente, es ridículo que un hombre se declare en defensa de un privilegio que no se le puede negar o quitar. Pero de esto no se inferirá una ilimitada libertad de expresión[47], un claro desprecio por las leyes y una prescripción del juicio privado[48] en contra de la autoridad pública, cosas nunca soportadas en ningún estado bien ordenado y que producen el lamentable desorden de nuestros tiempos.

[La constitución de estos reinos ha estado un tiempo agitada por el celo imprudente de un conjunto de hombres: de nuevo se ha enfriado y ha quedado sin vida por la indiferencia de otro[49]. Hemos sentido alternativamente los efectos furiosos de la superstición y el fanatismo y nuestro actual peligro inminente es el de establecer un juicio privado, o una luz interior, en oposición a las leyes divinas y humanas. Ese fantástico principio interior, siempre operando y procediendo gradual y constantemente, puede ser suficiente para disolver cualquier estructura humana de política o de gobierno civil. Pretender ser más sabio que las leyes nunca se ha permitido en ningún Estado sabio, dice Aristóteles[50]. Y de hecho, ¿qué Estado sabio alentaría o permitiría que un espíritu de oposición[51] operara públicamente contra sus propios decretos? ¿Quién puede decir a tal espíritu, hasta aquí llegarás y no más lejos?].

[Tal vez el magistrado no es suficientemente consciente de que aquellos supuestos defensores de la luz privada y el libre pensamiento son en realidad hombres sediciosos, que se erigen en contra de las leyes y las constituciones nacionales. Y, sin embargo, uno pensaría que toda la humanidad podría ver que el espíritu que prevalece contra la Iglesia procede más de una oposición a las leyes del país que al

Evangelio. Los hombres no protestan tan vehementemente contra los artículos de fe en sí mismos como contra el esta- [218] blecimiento de tales asuntos, que es el único propósito de la ley y del poder supremo. Se sigue claramente que la libertad implorada no es tanto libertad de pensamiento contra las doctrinas del Evangelio como libertad de expresión y acción contra las leyes del país. Es extraño que aquellos que para otros asuntos no están ciegos aún no vean esto o que viéndolo no perciban las consecuencias de ello].

Soy consciente de que cualquier cosa que parezca una restricción a la libertad de inquirir debe ser muy desagradable para todos los hombres razonantes e inquisitivos. Pero no he dicho nada en contra de esto[52]. Por el contrario, admitiré sin reservas que una búsqueda juiciosa e imparcial de la verdad es la ocupación más valiosa de la mente. Aquellos que tienen los talentos y se esfuerzan, no pueden hacer nada mejor que dedicarse a esa noble ocupación. Pero aquellos que no están calificados por la edad o la educación, aquellos que no tienen ni la disposición, ni el ocio, ni las facultades para cavar en la mina de la verdad por ellos mismos deben aceptarla como la relatan otros. No veo remedio. Dios, que conoce las posibilidades de cada hombre, no le exige lo imposible a ninguno. Y donde hay un amor sincero a la verdad y a la virtud, la gracia de Dios puede fácilmente suplir el defecto de los medios humanos.

Se ha observado antes y mostrado ampliamente que la mayor parte de la humanidad debe tener pronto su mente imbuida de buenas y sanas nociones o principios por sus padres, pastores y tutores, de lo contrario las malas nociones, dañinas para ellos mismos y para otros, sin duda se adueñarán de ella. Esas malas nociones se han propagado desde hace muchos años con una industria poco común en estos reinos; ahora producen su fruto que es día con día más abundante. Es de temer que lo que ha estado madurando por largo tiempo ya esté cerca de madurar. Muchos son los signos y señales. El que corre puede leer[53].

Pero no puede haber un síntoma mayor o más flagrante de la locura de nuestros tiempos que esa execrable fraternidad de blasfemos, recientemente instalada en esta ciudad de Dublín. La blasfemia contra Dios es un gran crimen contra el Estado. Pero que un grupo de hombres, en evidente desprecio de las leyes, haga de este mismo crimen su profesión, se distinga con un nombre peculiar[54] y forme una sociedad distinta –cuya ocupación propia y declarada sea escandalizar a todos los cristianos serios con las más impías y horribles blasfemias, proferidas de la manera más pública–, esto seguramente debe alarmar a todos los hombres pensantes. Es una cosa nueva bajo el sol reservada para nuestros dignos tiempos y país.

[219]

No es una blasfemia común de la que hablo; no es una simple maldición y un insulto; no es el efecto del hábito o de la sorpresa; sino una serie de indignidades estudiadas y deliberadas contra la Majestad divina, y de una clase tan horrible y malvada como sólo las lenguas que las profieren pueden describir y expresar debidamente. No se trata de una herejía especulativa, ni de una inferencia remota o dudosa a partir de los principios de un autor. Es un ataque claro y directo contra Dios mismo. Es un insulto premeditado y con tal serenidad a la religión, a la ley y a la luz misma de la naturaleza, que no hay secta o nación de hombres, sea de cristianos, judíos, mahometanos o incluso paganos civilizados, que no estaría impresionada con horror y asombro al pensar en ello, y que no censuraría[55] a sus autores con la mayor severidad[56].

La blasfemia deliberada y atea es de todos los crímenes el más peligroso para el público en la medida en que abre la puerta a todos los demás crímenes y virtualmente los contiene todos; un temor religioso y un miedo a Dios son (como ya hemos observado) el centro que une y el cemento que conecta a toda la sociedad humana. Aquel que se ocupa de disminuir o desarraigar de las mentes de los hombres este principio, en realidad se esfuerza por llenar su país de bandoleros, ladrones de casas, asesinos, comerciantes fraudulentos, testigos perjuros y toda la demás peste de la sociedad. Por esa razón sería de la mayor crueldad para nuestros hijos, vecinos y país consentir tal crimen; un crimen que no tiene ninguna tentación o pasión natural que lo justifique, sino que es el puro efecto de una impudicia abandonada a la maldad y, tal vez, de una esperanza equivocada de que las leyes y los magistrados estén dormidos.

La cuestión no es ahora si la religión debe ser establecida por la ley, el asunto ya está hecho (y hecho por buenas razones, como se desprende de las premisas), sino si se debe preservar una reverencia[57] por las leyes. La religión, considerada como un sistema de verdades salvadoras, tiene su sanción del cielo; sus recompensas y castigos son divinos. Pero la religión, tan útil y necesaria para la sociedad, ha sido sabiamente establecida por la ley, y una vez establecida y forjada en el marco y los principios mismos de nuestro gobierno se ha convertido en una parte principal de la constitución civil. Nuestras leyes son las leyes de un país cristiano, nuestro gobierno ha sido constituido y modelado por cristianos, y todavía es administrado y mantenido por

[220]

hombres que profesan la creencia en Cristo. ¿Se puede suponer entonces que hombres impíos inventen[58] con impunidad y profieran públicamente las más horribles blasfemias, y que al mismo tiempo no se ponga en peligro toda la constitución? ¿O se puede suponer que los magistrados, o los hombres investidos con poder, observen y vean la parte más sagrada de nuestra constitución pisoteada y sin embargo imaginen que su propia dignidad y autoridad, que descansan enteramente en ella, están seguras? Me aventuraré a decir que quien sea un hombre sabio y un amante de su país, no sólo será solícito por preservar el honor de Dios sagrado e íntegro, sino que incluso desalentará ese prejuicio prevaleciente contra los dispensadores de la palabra de Dios, los predicadores de aquellas doctrinas saludables, sin las cuales el público no puede prosperar ni subsistir. No será un despreciador, ni siquiera de aquellos ritos y ordenanzas prescritos por la ley tan necesarios para imprimir y retener en las mentes de los hombres un sentido de la religión. Extenderá su cuidado a las obras externas [*outworks*][59], puesto que sabe que cuando estas se pierden puede ser difícil preservar el resto.

Á pesar de la vana afirmación de aquellos hombres que quieren justificar el presente diciendo que «todos los tiempos son iguales», es más que evidente que los magistrados, las leyes, la propia constitución de estos reinos han perdido no poca de su autoridad y reverencia desde este gran aumento y propagación de principios impíos. Cualquiera que sea la causa, el efecto es evidente. Ya sea que lo atribuyamos al curso natural de las cosas o a un justo castigo a aquellos que, habiendo sido descuidados en preservar el debido sentido de la autoridad divina, han visto y verán despreciada la suya.

Darío, un príncipe pagano, promulgó un decreto en el que en todos los dominios de su reino los hombres debían temblar y temer ante Dios (Daniel, VI, 26). Nabucodonosor, otro pagano, decretó asimismo que todo pueblo, nación y lengua que dijera alguna cosa inapropiada contra Dios debía ser descuartizado y sus casas convertidas en un estercolero (Daniel, III, 29). Y si estas cosas se hicieron en Persia y Babilonia, seguramente se puede esperar que los blasfemos impíos contra Dios y su culto sean al menos desalentados y avergonzados en estos países cristianos. Ahora bien, una constante desaprobación de los hombres de autoridad sería un freno muy eficaz para todos esos malhechores. Cuando, por tanto, son públicos y atrevidos en sus blasfemias, esta no es una reflexión menor sobre aquellos que podrían frenarlos si quisieran. [221]

No es tanto la ejecución de las leyes como el apoyo de aquellos con autoridad lo que falta para el mantenimiento de la religión. Si se observa que los hombres de rango y poder, que tienen una participación en la distribución de la justicia y una voz en las asambleas públicas, descuidan ellos mismos el culto divino, eso debe ser una gran tentación para que otros hagan lo mismo. Pero si ellos y sus familias pusieran un buen ejemplo, es de suponer que los hombres de menor influencia estarían dispuestos a seguirlo. Se observa siempre que las modas descienden y a la gente generalmente le gusta estar a la moda[60]; por lo que uno estaría inclinado a sospechar que el desprecio prevaleciente de la palabra de Dios, y el alejamiento de Su casa a un grado que nunca se conoció en ningún país cristiano, debe tener su origen en la irreligión y en el mal ejemplo de quienes son llamados «la mejor clase».

Las ofensas tienen que suceder pero ¡ay de aquel que cometa la ofensa! Un hombre al que se le confía poder e influencia en su país tiene mucho que responder si la religión y la virtud sufren por la falta de su autoridad y de su apoyo. Pero en caso de que –por la vanidad de su discurso, su favor a hombres malvados o su negligencia aparente de todas las obligaciones religiosas– apoye lo que debería condenar y autorice con su propio ejemplo lo que debería castigar, tal persona, sea lo que sea que pretenda, es de hecho un mal patriota, un mal ciudadano, un mal súbdito, así como un mal cristiano.

Nuestra prospección es muy terrible y los síntomas se hacen cada día más fuertes. La moral de un pueblo es en esto como su fortuna, cuando siente una sacudida nacional lo peor no se muestra inmediatamente. Las cosas cambian para subsistir durante un tiempo por el crédito de las viejas nociones y las opiniones moribundas. Pero los jóvenes nacidos y educados en tiempos malvados, sin ninguna inclinación hacia el bien a partir de un principio temprano u opinión inculcada, cuando llegan a una edad madura deben ser verdaderos monstruos. Y es de temer que la época de [222] los monstruos no esté lejos.

De dónde surge esta impiedad, por qué medios gana terreno entre nosotros y cómo puede ser remediada son cuestiones que merecen la atención de todos aquellos que tienen el poder y la voluntad de servir a su país. Y aunque muchas cosas parecen un preludio de la ruina general, aunque es muy de temer que estaremos peor antes de que estemos mejor, sin embargo, ¿quién sabe lo que pueda suceder si todas las personas en el poder, desde el ejecutor supremo de la ley hasta un humilde oficial, se comportaran, en sus diferentes empleos, como hombres verdaderamente conscientes y atentos de que la autoridad de la que están revestidos no es sino un rayo derivado de la autoridad suprema del cielo? Esto puede contribuir no poco a detener ese torrente que, de inicio débil y bajo pretextos engañosos, ha crecido a tal punto, y cada día cobra más y más fuerza, que amenaza a estos reinos con una inundación y una destrucción general.

Informe a la Cámara irlandesa de los Lores [197]

Un informe de las Comisiones de los Lores para la religión, nombradas para examinar las causas de la actual y notoria inmoralidad y profanidad: hecho por el conde de Granard el viernes 10 de marzo de 1737[61].

Mis señores:

Las Comisiones de los Lores para la Religión, nombradas para examinar las causas de la actual y notoria inmoralidad y profanidad, piden permiso, antes de informar a sus Señorías sobre los progresos que han hecho en esta investigación, para observar que se presentó ante ellos una escena poco común de impiedad y blasfemia en la que varias personas debieron haber estado implicadas; pero debido a que se reunieron tarde en la sesión[62] no han podido preparar un informe completo y satisfactorio al respecto para sus Señorías. Sin embargo, creen que es su obligación presentarlo ante sus Señorías, ya que les ha parecido que antes de la conclusión de esta sesión se pueden tomar algunas medidas para poner fin a la propagación de estas impiedades, que es de esperar que en la próxima sesión del Parlamento sus Señorías puedan extinguir y prevenir por completo mediante leyes y remedios apropiados para el futuro.

Las Comisiones de los Lores tienen suficientes razones para creer (aunque todavía no haya sido presentada ante ellos ninguna prueba directa bajo juramento) que varias personas disolutas y desordenadas se han erigido recientemente en una sociedad o club bajo el nombre de Blasters y han usado medios para atraer a esta sociedad impía a varios de los jóvenes de este reino.

Las prácticas de esta sociedad (además de la fama esparcida por todo el reino) aparecen en las declaraciones de varias personas, tomadas bajo juramento ante el Señor alcalde de esta ciudad, en relación con Peter Lens, pintor, recientemente llegado a este reino y quien se profesa Blaster.

Por estas declaraciones se sigue que el susodicho Peter Lens se profesa devoto del Diablo; que le ha ofrecido rezos y ha brindado públicamente a la salud del Demonio; que en varias ocasiones ha pronunciado las más atrevidas y execrables blasfemias contra el sagrado Nombre y Majestad de Dios; y que a menudo se ha servido de expresiones tan obscenas, blasfemas y nunca antes oídas que las Comisiones de los Lores consideran que no pueden ni siquiera mencionar a sus Señorías y por ello optan por pasar por alto en silencio.

[198] Dado que las impiedades y las blasfemias de este tipo eran totalmente desconocidas para nuestros antepasados, las Comisiones de los Lores observan que las leyes elaboradas por ellos resultan inadecuadas para crímenes tan enormes y que hace falta una nueva ley, más eficaz para reprimir y castigar blasfemias de este tipo.

Las Comisiones de los Lores no pueden encargarse de asignar las causas inmediatas de tales impiedades monstruosas, pero piden permiso para observar que en los últimos años ha habido un mayor descuido de la religión y de todas las cosas sagradas de lo que nunca antes se había conocido en este reino; una gran negligencia del culto divino, tanto público como privado, y de la debida observancia del Día del Señor; una falta de reverencia a las leyes y a los magistrados y de una debida subordinación en los diversos rangos y grados en la comunidad, y un abuso de la libertad bajo nuestra dulce y feliz constitución; una gran negligencia en la educación y una falta de cuidado en los padres y jefes de familia para educar a sus hijos en la reverencia y el temor; y para mantener a sus sirvientes en la disciplina y el buen orden e instruirlos en los deberes morales y religiosos; un gran incremento de la ociosidad, el lujo y el juego excesivo, y un exceso en el consumo de licores espirituosos y embriagantes.

Por tanto, las Comisiones de los Lores han llegado a las siguientes resoluciones, a saber:

Resolvieron que es la opinión de esta Comisión que se le ordene al Fiscal General de Su Majestad que persiga a Peter Lens con la mayor severidad de la ley.

Resolvieron que es la opinión de esta Comisión que se presente una humilde petición a su Excelencia el Señor Gobernador[63], que él estaría complacido de ordenar que se emita una proclamación con una recompensa para aprehender al susodicho Peter Lens; y que además estaría complacido de dar la orden a los Jueces en sus diversos circuitos para encargar a los magistrados que pongan en ejecución las leyes contra la inmoralidad y las maldiciones y los juramentos profanos y los juegos de azar, y que inquieran en los clubes ateos y blasfemos.

Resolvieron que es la opinión de esta Comisión que se le solicite a los Obispos que en sus Visitas le den un encargo particular a su clero a que exhorte a su pueblo a una asistencia más frecuente y constante al servicio divino.

Resolvieron que es la opinión de esta Comisión que los Visitantes de la Universidad y de todas las escuelas exhorten y exijan a los Profesores y Maestros que instruyan cuidadosamente a la juventud confiada a su cuidado en los principios de la religión y la moralidad, y que inculquen una debida reverencia a las leyes y a la religión de su país.

El informe y las resoluciones, presentados por separado, fueron aprobados por la Cámara.

Enoch Stern, Secretario del parlamento[64].

Dos cartas con motivo de la rebelión jacobita

Introducción

Las dos cartas que se presentan a continuación, *Una carta a su clero* y *Una carta a los católicos romanos de la diócesis de Cloyne,* se relacionan estrechamente con el *Consejo a los tories* que han tomado el juramento (1715) y también, en menor medida, con la *Obediencia pasiva* (1712). Así como el Consejo a los tories constituyó una toma de postura de Berkeley frente a la rebelión jacobita de 1715 –liderada por Jacobo Francisco Eduardo Estuardo, proclamado Jacobo III y conocido como el «viejo pretendiente»–, estas dos cartas tienen de fondo el mismo contexto político-religioso, ya que en julio de 1745 comenzó la última rebelión jacobita en Escocia liderada por Carlos Eduardo Estuardo, conocido como el «joven pretendiente» y autoproclamado Carlos III de Inglaterra y Escocia. Las dos cartas se publicaron en pleno conflicto, tras la batalla de Prestonpans del 21 de septiembre de 1745 que llevó a Carlos Eduardo a trasladar su corte, de septiembre a octubre, al palacio de Holyrood en

Edimburgo. Meses más tarde la rebelión terminó con la derrota definitiva del ejército jacobita en la famosa batalla de Culloden, al norte de Escocia, acontecida el 16 de abril de 1746. Tras la victoria del rey Jorge II de Hannover, el ejército realista bajo el mando del príncipe Guillermo, duque de Cumberland, desató una cruenta represión contra todo aquel que hubiere apoyado a los jacobitas.

En cuanto a las cartas, que sus destinatarios hayan sido el clero anglicano y los católicos de la diócesis de Cloyne revela que para octubre de 1745, a la edad de 60 años, Berkeley matizó un poco su actitud respecto a los jacobitas y a su lucha político-religiosa. Es verdad que en la primera carta reitera su fervor por fortalecer el poder de la Iglesia de Inglaterra frente a los enemigos papistas, cuyo éxito, considera, les haría perder sus libertades civiles y religiosas –actitud que reitera en su carta de noviembre del mismo año a Isaac Gervais, en la que le comunica que para hacer frente a la rebelión y a las guerrillas jacobitas él mismo compró mosquetes y financió una tropa de treinta caballos[1]–. Sin embargo, también es cierto que en la segunda carta exhorta a los católicos tanto a ser prudentes y no participar en las revueltas para no verse perjudicados como a crear puentes con los miembros de la Iglesia anglicana para su propio beneficio. Berkeley creía que esa era la manera pública de apoyarlos porque era consciente de que los católicos eran, en los hechos, quienes más sufrían los estragos de las luchas políticas y religiosas y de las crisis económicas.

Fue su preocupación por la comunidad católica irlandesa la que lo llevó a publicar sus dos cartas en el periódico *The Dublin Journal (El Diario de Dublín)* de George Faulkner, considerado por Jonathan Swift (amigo de Faulkner y también amigo cercano de Berkeley) «el príncipe de los editores dublineses»[2]. El famoso *Diario de Dublín* se publicó desde 1728 hasta la segunda década del siglo XIX, pero no fue hasta 1745 que Berkeley colaboró en él por medio de sus dos cartas. Las dos aparecieron en la edición del 15 al 19 de octubre, *Una carta a su clero* apareció el viernes 15 y *Una carta a los católicos romanos* el martes 19.

La actitud de Berkeley de hablarle a las dos Iglesias fue tan bien recibida que en el siguiente número del periódico, del 19 al 22 de octubre, se reimprimió su carta a los católicos añadiéndose el siguiente encabezado: «There having been a great demand for the following Letter, it is reprinted, at the earnest request of several Protestants as well as Roman Catholics»[3]. *Una carta a los católicos romanos* se publicó de nuevo en noviembre del mismo año (1745) en *The London Magazine* (*Revista de Londres*[4]). Al año siguiente, en 1746, se volvió a publicar como apéndice en el libro anónimo *An Impartial History of the Life and Death of James the Second*[5].

El propio Berkeley publicó la carta a los católicos en su *Miscellany* de 1752, pero decidió publicarla sola, omitiendo la carta al clero. Después de su muerte, ambas cartas fueron publicadas en 1898 en el volumen tercero de las obras completas de Berkeley editadas por George Sampson[6].

Tomando en cuenta el orden en que Berkeley publicó las cartas, llamo aquí edición 'E' a la versión contenida en la edición de Luce y Jessop. Esta se cotejó con dos de las versiones publicadas en vida por el autor, la de la *Miscellany* (1752), que llamo edición 'D', y la de la *London Magazine* (1745), que llamo 'C'. En nota a pie se señalan los cambios y/o modificaciones entre estas versiones.

Dos cartas con motivo de la rebelión jacobita [223]

Una carta a su clero [227]

Mis reverendos hermanos:

No dudo que ustedes están suficientemente informados de las calamidades que nos acompañan al estar gobernados por un príncipe papista, así como de las medidas que se están tomando ahora para que esto suceda. Si hay en alguna otra parte de los dominios de Su Majestad algún súbdito protestante tan infatuado como para engañarse con la esperanza de disfrutar sus derechos civiles y religiosos bajo tal cabeza, me atrevo a decir que no se encuentra ninguno entre los protestantes de este reino y mucho menos entre el clero, cuya ruina segura está ligada a la de la Iglesia establecida, la cual, cualquiera que sea el cuartel que pueda esperar en otro lugar, con toda seguridad no puede esperar ninguno en Irlanda.

Para confirmar esto (si se puede suponer que necesita confirmación) puedo asegurarles de una autoridad muy creíble e insospechada que en una invasión en el último reinado, cuando quienes redactaron el manifiesto del Pretendiente habían insertado una cláusula para asegurar las Iglesias de Inglaterra e Irlanda como por ley establecida, la Iglesia de Irlanda fue borrada por su propia mano. No digo esto como si sospechara de su lealtad, pues sin importar lo que algunos enemigos prejuiciosos a su orden puedan sugerir, ninguna persona cándida supondrá que son malvados sin motivo.

Estoy convencido de que no hay en este reino súbditos más leales a Su Majestad que nuestros hermanos de la Iglesia establecida y tienen todos los motivos espirituales y temporales para serlo. Sin embargo, puede que no sea impropio despertar sus temores en la actual coyuntura crítica por ustedes mismos y por sus rebaños, quienes en esta costa del sur están más expuestos a una invasión y (como nuestros enemigos bien saben) menos preparados contra ella. Por este motivo, no dejarán de excitar a la gente bajo su cuidado a hacer protestas apropiadas donde sea más probable que surtan efecto y a concertar medidas para su seguridad común.

Cuanto peor estemos provistos de las demás, mejor debemos proveernos de armas espirituales: humillación, arrepentimiento, oración y confianza en Dios. Porque estén [228] seguros de que nunca hemos tenido, humanamente hablando, un peligro tan grave para nuestras libertades religiosas como en este momento, si fuéramos tan infelices como para ver triunfar la presente empresa y a un príncipe papista, criado y educado en el seno mismo de la ceguera espiritual y la superstición[1], puesto en el trono.

El reinado del difunto rey Jacobo produjo pocos conversos a su religión. Pero puede presuponerse que el gran número de infieles que ha surgido desde entonces, por clamorosos y vehementes que parezcan contra el papismo, está sin embargo listo para abrazarlo por un interés temporal. Tampoco es poco caritativo suponer que aquellos que interiormente no son de ninguna religión serán exteriormente de la de la corte. Desde este cuartel, como sé que nuestros adversarios conciben las mayores esperanzas, sospecho que tenemos mucho que temer.

Nos corresponde, por tanto, hermanos míos, en esta coyuntura crítica y peligrosa, no actuar (en la frase del profeta) como perros mudos, sino ser serios y rápidos en solicitar a nuestra gente que se esfuerce con prudencia y fortaleza y en elevar nuestras plegarias a Dios todopoderoso para que aparte los males que nos amenazan; y que no nos trate conforme a nuestros méritos, sino según Sus misericordias, ni permita que la gloriosa luz y la libertad de la Reforma se apaguen o retiren por los pecados de quienes, abusando de ellas, se han mostrado indignos de tan inestimables bendiciones.

Soy,

Su fiel y afectuoso hermano,

G. Cloyne

Una carta a los católicos romanos de la diócesis de Cloyne [229]

Mis compatriotas y connacionales:

A pesar de las diferencias de nuestras opiniones religiosas, lamentaría faltar a cualquier acto de humanidad o buena vecindad con alguno de ustedes. Por esta razón me siento fuertemente inclinado, en esta coyuntura crítica, a recordarles que han sido tratados con una verdadera lenidad cristiana bajo el actual gobierno; que sus personas han sido protegidas y sus propiedades aseguradas por leyes equitativas; y que sería sumamente imprudente e ingrato perder esas ventajas por hacerse instrumentos de la ambición de príncipes extranjeros, quienes creen conveniente causar disturbios entre nosotros en este momento, pero tan pronto como sus propios fines sean cumplidos no dudarán en abandonarlos como siempre lo han hecho.

¿No es evidente que el verdadero interés de ustedes consiste en quedarse quietos y esperar el acontecimiento, ya que Irlanda debe seguir necesariamente el destino de Inglaterra, y que por esa razón la prudencia y la política prescriben tranquilidad a los católicos romanos de este reino, quienes, en caso de que no tenga éxito su intento de producir un cambio de manos, deben entonces esperar estar en peor condición que nunca?

Pero supongamos que sucede lo que desean. ¿Qué pasa entonces? ¿No socavaría esto incluso sus propios intereses y fortuna que con frecuencia están entrelazados con los de sus vecinos? ¿No compartirían el sufrimiento con todos aquellos que tienen deudas o dinero u otros efectos en manos de los protestantes? ¿No serían todos aquellos que se sometieron a las Leyes de Instauración[2] tan susceptibles como los propios protestantes de ser desposeídos por los antiguos propietarios? ¿O incluso aquellos que se llaman propietarios pueden engañarse con la esperanza de poseer los bienes que reclaman, que con toda probabilidad serían entregados a los favoritos (tal vez a extranjeros) que están cerca de la persona, o que lucharon en las batallas, de su señor?[3].

Bajo los gobiernos protestantes, los de su comunión han disfrutado anteriormente de una mayor parte de las tierras de este reino y de más amplios privilegios. Ustedes cumplieron [230] su parte en la magistratura y en la legislatura y no podrían quejarse de ninguna dificultad a causa de su religión. Si estas ventajas se han visto mermadas o perdidas desde entonces, ¿no fue por las medidas equivocadas que ustedes mismos tomaron para aumentarlas, en varios intentos sucesivos, cada uno de los cuales los dejó más débiles y en peor condición de la que estaban antes?[4] Y esto a pesar de los alardeados socorros de Francia y España, cuyos vanos esfuerzos en conjunción con los suyos retrocedían constantemente sobre sus propias cabezas[5], incluso cuando sus números y circunstancias eran mucho más considerables de lo que son ahora.

Todos ustedes saben que estas cosas son ciertas. Apelo a sus propias conciencias. La experiencia se lo ha enseñado a un precio muy alto[6] y los tiempos pasados instruyen el presente. Pero tal vez siguen a la conciencia más que al interés. ¿Pretenderá alguno de entre ustedes apelar a la conciencia contra la tranquilidad o contra el pago de la lealtad y la sumisión pacífica al príncipe protestante, que los primeros cristianos pagaron incluso a los paganos –y que los de su comunión pagan hoy en día a los mahometanos y a los príncipes idólatras en Turquía y China– y que ustedes mismos con tanta frecuencia han declarado pagar a nuestro actual y benevolente soberano? La conciencia está totalmente fuera de la cuestión. ¿Y qué hombre en su sano juicio se comprometería en un curso peligroso al que ni el interés lo invita ni la conciencia lo obliga?

Deseo de corazón que este consejo se tome con la misma buena intención con la que se pretende dar y que ustedes puedan considerar maduramente su verdadero interés, en lugar de repetir imprudentemente los mismos errores de los que tantas veces se han arrepentido. Así pues, encomendándolos a la guía misericordiosa de Dios Todopoderoso, me suscribo,

Su verdadero benefactor,

George Cloyne

Una advertencia o exhortación al clero católico romano de Irlanda

Introducción

A diferencia del resto de sus obras, *Una advertencia o exhortación al clero católico romano de Irlanda* es el único escrito de Berkeley dirigido expresamente al clero católico irlandés. Su objetivo es invitarlo a olvidar las tensiones históricas para velar por el bienestar común de la isla. El texto evidencia una clara convicción de que el bien común y la mejora de Irlanda requerían de la cooperación entre las Iglesias, por eso mismo, con ánimo de trabajar juntos hacia un mismo objetivo, Berkeley se sirvió de un lenguaje y de un tono conciliador que lo llevaron a dirigirse al clero católico en términos de «compatriotas y vecinos». Esta actitud fraternal se debió, en parte, a que en sus últimos años de vida fue plenamente consciente de que los problemas económicos y sociales a los que se enfrentaba Irlanda eran lo suficientemente graves como para sumarles divisiones y rivalidades religiosas. Por eso mismo entendió que había que dejar de lado las rencillas partidarias, sobre todo porque tenía la esperanza de que el clero católico pudiera desempeñar un papel crucial en el proceso de mejoramiento nacional.

A decir de Breuninger, el análisis de Berkeley en *Una advertencia o exhortación* «se basó en temas básicos de sus escritos sociales, especialmente el vínculo entre la virtud de un pueblo y la salud de la nación, y lo aplicó a la población católica irlandesa»[1]. En relación con esto, aunque en gran parte de su discurso Berkeley anima al clero católico a inculcar la laboriosidad entre sus miembros, es de destacar su actitud crítica hacia el campesinado católico al caracterizarlo de indolente. Es cierto que no se establece en el texto una conexión directa entre el catolicismo y la pereza, por eso en diversos pasajes se reconoce, por ejemplo, que Francia, España, Flandes, algunas partes de Italia e incluso el propio Papa fomentan la industria; sin embargo, al fustigar al campesinado católico por su «pereza hereditaria» Berkeley no pudo evitar mostrar de nuevo su anticatolicismo, al sostener que la raíz de esa pereza era su herencia española y escita (p. 235). Mientras que la herencia española le había transmitido a los nativos irlandeses el catolicismo y con él —en opinión del filósofo— la pereza y el orgullo, la herencia escita les había heredado el estado de salvajismo y con él la incapacidad para establecerse. En su opinión, a pesar de que en la isla hubo una época en la que floreció el arte y el conocimiento, ambas herencias habían llevado a la población nativa a no poder ser una civilización moderna porque se había convertido en «una raza perezosa, indigente y degenerada» (p. 238). Para Berkeley, la indolencia de los irlandeses pobres se reflejaba en todos los ámbitos de su vida cotidiana y en la suciedad en la que vivían, que los llevaba a ser «más indigentes que los salvajes y más abyectos que los negros».

La publicación de *Una advertencia o exhortación* fue junto con NTV, aunque después de *Siris*, de los escritos más exitosos en vida de su autor. Se publicó tres veces en Dublín en 1749 y una cuarta vez, también en Dublín, el siguiente año. El mismo año de 1750 hubo una edición en Boston, Massachusetts, y otra más en Waterford, Irlanda, que, si bien no está fechada, Jessop cree que pudo ser del mismo 1750. Dos años después, en 1752, se publicó de nuevo, una vez en Dublín y otra dentro de la *Miscellany* de Berkeley. Además, el texto se publicó como apéndice a *The Querist* en Londres en 1750 y en Glasgow en 1751.

En términos generales, el discurso *Una advertencia o exhortación* fue al igual que *Una carta a los católicos* (1745) bien recibido por la comunidad católica irlandesa. Recibió una respuesta del clero católico el 18 de noviembre de 1749 en el *Dublin Journal*, en donde se afirma de Berkeley que sus «puntos de vista son sólo hacia el bien público» y que se trata de un «buen hombre» y un «verdadero patriota». Además de esta respuesta, se publicó un reporte en el mismo periódico irlandés en su edición del 28 de noviembre al 2 de diciembre de 1749, en donde se lee una nota positiva: «El pasado domingo el sacerdote romano de Lucan leyó la exhortación del obispo de Cloyne a los católicos romanos de Irlanda de su congregación, la cual fue muy bien recibida por todos ellos, quienes prometieron mejorar en limpieza, industria y cuidado»[2].

La versión de *Una advertencia* contenida en la edición de Luce y Jessop corresponde a la última versión que publicó Berkeley, es decir, la de la *Miscellany* de 1752.

Una advertencia o exhortación al clero católico romano de Irlanda

> Homo sum, nihil a me alienum puto[1]
>
> TERENCIO

Una advertencia[2]

No se sorprendan, Reverendos Señores, al descubrir que se dirige a ustedes alguien de una comunión diferente. De hecho, estamos (para vergüenza nuestra) más inclinados a odiar por aquellos artículos en los que diferimos que a amarnos por aquellos en los que estamos de acuerdo. Pero si no podemos eliminar al menos suspendamos nuestras animosidades y, olvidando nuestras rencillas religiosas, considerémonos bajo la amigable luz de compatriotas y vecinos. Volvamos por una vez nuestros ojos a aquellas cosas en las que tenemos un interés común. ¿Por qué las disputas sobre la fe deben interrumpir los deberes de la vida civil, o los diferentes caminos que tomamos hacia el cielo deben impedir que demos los mismos pasos en la tierra? ¿Acaso no habitamos el mismo lugar de la tierra, respiramos el mismo aire y vivimos bajo el mismo gobierno? ¿Por qué, entonces, ¿no deberíamos conspirar en un mismo propósito para promover el bien común de nuestro país?

Todos estamos de acuerdo en la utilidad de la carne, la bebida y la ropa y, sin duda, todos quisiéramos sinceramente que nuestros pobres vecinos estuvieran mejor abastecidos de ellas. La providencia y la naturaleza han hecho su parte; ningún país está mejor calificado para proveer las necesidades de la vida y, a pesar de ello, ningún pueblo está peor provisto. En vano es fértil la tierra y el clima benigno si falta el trabajo humano. La naturaleza proporciona los materiales que el arte y la industria mejoran para el uso del hombre, y es la falta de esta industria la que ocasiona todas nuestras otras necesidades.

El público se ha esforzado por estimular y fomentar esta útil virtud. Se ha hecho mucho, pero ya sea por la pesadez del clima, por la sangre española o la escita que corre por sus venas[3], o por cualquier otra causa, sigue existiendo en los nativos de esta isla una notable antipatía hacia el trabajo. Ustedes, caballeros, son los únicos que pueden vencer su pereza hereditaria innata. Por tanto, del mismo modo que aman a su país esfuércense.

Se sabe que ustedes tienen una gran influencia en las mentes de su pueblo; sean tan buenos como para usar esta influencia en su beneficio. Ya que otros métodos fallan, prueben lo que *ustedes* puedan hacer. 'Insiste a tiempo y a destiempo; reprende, amenaza, exhorta' (2 Tim., 4, 2). Háganlos completamente conscientes del pecado y de la locura de la pereza. Muestren su caridad vistiendo al desnudo y alimentando al hambriento, lo que pueden hacer con el mero susurro de sus bocas. Permítanme decirles que ningún grupo de hombres en la tierra tiene el poder de hacer

[236]

el bien en términos más fáciles, con más ventajas para otros y menos dolores o pérdidas para ellos mismos. Vuestros rebaños son, de todos los demás, los más dispuestos a seguir las instrucciones y los que más las necesitan; y, en verdad, ¿qué es lo que no necesitan?

La casa de un campesino irlandés es la cueva de la pobreza; dentro, ves una olla y un poco de paja; afuera, un montón de niños dando vueltas en el estercolero. Sus campos y jardines son una viva contraparte de la descripción de Salomón en los Proverbios: «Fui —dice el sabio rey— por el campo de los perezosos, y por la viña del hombre falto de entendimiento; y he aquí, todo estaba lleno de espinas, y las ortigas habían cubierto su superficie, y su muro de piedra estaba derrumbado» (Prov., XXIV, 30, 31). En todos los caminos se despliegan los signos andrajosos de la pobreza; a menudo encuentras caravanas de pobres, familias enteras en manada, sin ropa para cubrirse ni pan para alimentarse, ambas cosas podrían conseguirse fácilmente mediante un trabajo moderado. Son animados a llevar esta vida vagabunda por la miserable hospitalidad que encuentran en cada cabaña, cuyos habitantes esperan a cambio la misma amable acogida cuando se conviertan en mendigos; la mendicidad es el último refugio de estas criaturas faltas de providencia.

Si parece que salgo de mi provincia, o que prescribo a quienes se supone que conocen su propio negocio, o que pinto a los habitantes más bajos de esta tierra con colores no muy agradables, perdonarán sinceramente un celo bien intencionado que me obliga a decir cosas más bien útiles que agradables y abrir la llaga para curarla.

Pero lo que se diga no debe ser tomado como reflejo de las personas de rango y educación, que no son en modo alguno inferiores a sus vecinos; ni tampoco que incluye a todos, ni siquiera a los de la clase más baja, aunque bien puede extenderse a la generalidad de los que se encuentran especialmente en las partes occidentales y meridionales del reino donde las costumbres británicas han prevalecido menos. Tomamos nuestras nociones de lo que vemos, las mías son una transcripción fiel de los originales que me rodean.

Los escitas se destacaron por ser nómadas y los españoles por la pereza y el orgullo; nuestros irlandeses no están detrás de ninguna de estas naciones de las que descienden, en sus respectivas características.

[237]   «Es mejor el que trabaja y tiene de sobra que el que presume y carece de pan», dice el hijo de Sirach (X, 27), pero no lo dice el irlandés. En mi propia familia una cocinera se negó a sacar cenizas porque era descendiente de una antigua estirpe irlandesa. Nunca hubo una conjunción más monstruosa que la del orgullo con la mendicidad; y, sin embargo, este prodigio se ve todos los días en casi todas las partes de este reino. Al mismo tiempo, esta gente orgullosa está más abandonada que los salvajes y es más abyecta que los negros. Los negros de nuestras plantaciones tienen un dicho: «Si el negro no fuera negro, el irlandés sería negro». Y se puede afirmar con verdad que los mismos salvajes de América están mejor vestidos y mejor alojados que los aldeanos irlandeses de los finos y fértiles condados de Limerick y Tipperary.

Habiendo observado y lamentado durante mucho tiempo este miserable estado de mis compatriotas y la insuficiencia de los diversos métodos que se pusieron en marcha para reformarlos, recurro a sus Reverencias como el *dernier ressort*[4]. Háganles entender que se preocupan por sus intereses, que los persuaden a trabajar por su propio bien y que Dios ha ordenado las cosas de modo que quienes no quieran trabajar para sí mismos deben trabajar para otros. Los terrores de la deuda, la esclavitud y el hambre deberían, uno pensaría, impulsar a los más perezosos a trabajar. Háganlos conscientes de estas cosas y de que los fines de la Providencia y el orden del mundo requieren el esfuerzo *(industry)* de las criaturas humanas. «El hombre se va a su labor y trabaja hasta la noche», dice el salmista (Sal civ., 23), cuando describe la belleza, el orden y la perfección de las obras de Dios. Pero ¿qué dice el perezoso? «Todavía un rato de sueño, un rato de dormitar, un rato de cruzar los brazos para dormir» (Prov., VI, 10). Pero ¿qué dice el sabio? «Tu pobreza vendrá como un viajero y tu necesidad como un hombre armado» (Prov., VI, 11).

La naturaleza entera les proporcionará argumentos y ejemplos contra la pereza: «Ve a la hormiga, tú, perezoso», clama Salomón. La hormiga, la abeja, el escarabajo y todos los insectos, excepto el zángano, dan una lección de industria al hombre. Pero la lección más breve y eficaz es la de San Pablo: «Si alguno no quiere trabajar que tampoco coma» (2 Ts., III, 10). Este mandamiento fue ordenado por los tesalonicenses y se refiere igualmente a todos los cristianos y, de hecho, a toda la humanidad; siendo evidente por la luz de la naturaleza que toda la creación obra conjuntamente para el bien y que ninguna parte fue diseñada para ser inútil. Como el hombre ocioso no es útil, se sigue por tanto que no tiene derecho a la subsistencia. «Que trabajen (dice el apóstol) y coman su propio pan» (2 Ts., III, 12); no el pan obtenido por mendicidad, no el pan ganado por el sudor de otros hombres, sino su propio pan, ese que se ob- [238]

tiene por su propio trabajo. «Entonces comerás del trabajo de tus manos», dice el salmista; a lo que añade, «Feliz serás y te irá bien» (Sal. CXXVIII, 2), insinuando que trabajar y disfrutar los frutos de ello es una gran bendición.

La imaginación de un hombre perezoso tiende a disfrazar el trabajo con una máscara horrible; pero, por horrible que sea, la ociosidad es más temible y una vida de pobreza (su consecuencia necesaria) es mucho más dolorosa. Era el consejo de Pitágoras: «Elegir la mejor clase de vida», porque ese uso la volvería agradable, reconciliando a los hombres incluso con la labor más ruda. Con la práctica, los dolores se vuelven al principio fáciles y con el tiempo agradables; y esto es tan cierto que cualquiera que examine las cosas encontrará que no puede haber tal cosa como una vida feliz sin trabajo, y cualquiera que no trabaje con sus manos deberá, en su propia defensa, trabajar con su cerebro.

Ciertamente, plantar y arar la tierra es un ejercicio no menos agradable que útil; saca al campesino de su humeante cabaña al aire fresco y al campo abierto haciendo que su suerte sea mucho más deseable que la del perezoso, que yace en la paja o se sienta días enteros junto al fuego.

Convenzan a su gente de que no sólo el placer invita a trabajar, sino que también la necesidad obliga a ello. Si sienten alguna compasión por estas pobres criaturas recuérdenles cuántas de ellas perecieron en una reciente y memorable calamidad[5] por falta de ese cuidado providente frente a una estación dura, observable no sólo en todos los demás hombres, sino incluso en los animales irracionales. Pongan ante sus ojos, con vivos colores, su propia vida indigente y sórdida comparada con las de otras personas cuya industria les ha proporcionado comida abundante, ropa abrigada y viviendas decentes. Háganles ver la vergüenza que supone que una nación que tiene tantas pretensiones de antigüedad, y de la que se dice que floreció hace muchos años en las artes y en el conocimiento, resulte en nuestros días una raza perezosa, indigente y degenerada.

Alcen sus voces, Reverendos Señores, ejerzan su influencia, muestren su autoridad sobre la multitud, comprometiéndola a la práctica de una industria honesta, un deber [239] necesario para todos y requerido en todos, sean protestantes o católicos romanos, sean cristianos, judíos o paganos. Tengan la bondad, entre otros puntos, de dar cabida a *este*, que ninguno es de mayor interés para las almas y los cuerpos de sus oyentes ni, en consecuencia, merece que se insista en él más amplia y frecuentemente.

Son muchos y obvios los motivos que recomiendan este deber. Sobre un tema tan copioso nunca les faltará algo que decir. Y mientras por estos medios rescatan a sus compatriotas de la necesidad y la miseria, tendrán la satisfacción de observar a su propio país mejorado. ¡Qué placer deberá darles ver esas escenas desoladas y salvajes, esas zanjas desnudas y esas casuchas miserables, cambiadas por finas plantaciones, ricos prados, campos bien cultivados y moradas pulcras; ver a la gente bien alimentada y bien vestida en lugar de espantapájaros famélicos y andrajosos, ¡y a esas mismas personas que solían mendigar en las calles cultivando los campos!

La dificultad de la empresa tampoco debe asustarlos de intentarlo. Hay que confesar que el hábito de la industria no se introduce de inmediato; el vecino, sin embargo, emulará al vecino y el contagio del buen ejemplo se esparcirá con tanta seguridad como el del malo, aunque quizá no tan rápidamente. Es de esperar que haya muchos que se esfuercen al ser atraídos por una forma de vida abundante y decente, especialmente cuando observen que sus vecinos —en ningún caso mejor calificados que ellos— la consiguen con esfuerzo (*industry*).

Si el mismo espíritu manso de pereza no apaciguara a nuestros terratenientes y a los campesinos, uno se imaginaría que no habría manos ociosas entre nosotros. ¡Ay! ¡Cuántos incentivos para la industria se ofrecen en esta isla pidiendo a gritos a sus habitantes que trabajen! Caminos que hay que reparar, ríos que hay que hacer navegables, pesquerías en las costas, minas que hay que explotar, plantaciones que hay que levantar, manufacturas que hay que mejorar y, sobre todo, tierras que hay que cultivar y sembrar con todo tipo de granos.

Cuando tantas circunstancias provocan y animan a su pueblo a trabajar, cuando sus carencias privadas y las necesidades del público, cuando las leyes, los magistrados y el mismo país lo exigen, no pueden pensar que sólo a ustedes les conviene guardar silencio o ir a la zaga en todo proyecto de promoción del bien público. ¿Por qué ustedes, cuya influencia es mayor, deben ser los menos activos? ¿Por qué ustedes, cuyas palabras tienen más probabilidad de prevalecer, deben decir lo menos posible sobre esta causa común?

[240] Quizá se diga que los desalientos que acompañan a los de su comunión son un obstáculo contra todos los esfuerzos por estimularlos a una industria loable. Los hombres son inducidos a trabajar con la perspectiva de mejorar sus fortunas al obtener propiedades o empleos; pero aquellos que

están limitados en la compra de propiedades y excluidos de todos los empleos civiles se ven privados de esos estímulos para la industria.

A esto se puede responder, admitiendo que estas consideraciones desalientan, que en cierta medida la industria y la ambición en personas de cierto rango no pueden ser un obstáculo para la industria de la gente pobre, ni pueden ser un argumento para no esforzarse por conseguir carne, bebida y ropa. No se está proponiendo que persuadan a los mejores para que adquieran propiedades o se capaciten para ser magistrados, sólo que pongan a trabajar a la gente más humilde para que se provea de lo necesario y satisfaga las necesidades de la naturaleza.

Se alegará como excusa de su holgazanería que la gente del campo carece de estímulo para trabajar porque no tiene una propiedad sobre las tierras. No hay mucho estímulo, dicen ustedes, para que construyan o planten en la tierra de otro, en la que sólo tienen un interés temporal. A lo que respondo que la vida misma no es más que temporal; que no todas las tenencias de propiedad son del mismo tipo; que el caso de nuestros ingleses y de los irlandeses originarios es igual en este aspecto; y que los verdaderos aborígenes, o los naturales irlandeses, se destacan por la falta de industria para mejorar incluso sus propias tierras, de las que tienen tanto posesión como propiedad.

¡Cuántas personas industriosas hay en todos los países civilizados sin propiedades en las tierras, o sin expectativa de posesiones o de empleos! La industria nunca deja de recompensar a sus partidarios. No hay nadie que no pueda ganar un poco y lo poco sumado a lo poco hace un montón. En esta isla fértil y abundante nadie puede perecer por escasez salvo el ocioso y el impróvido. Nadie que sea industrioso, frugal y previsor se va a encontrar en una situación tolerable, si no en una rica. ¿No están todos los oficios y manufacturas abiertas a los de su comunión? ¿No tienen la misma libertad de uso y no pueden sacar el mismo provecho de las ferias y los mercados que los demás hombres? ¿Pagan impuestos más altos o están sujetos a mayores imposiciones que los demás vasallos? ¿Y no se conceden indistintamente las primas y estímulos públicos a los artistas de todas las comuniones? ¿No tienen los de su comunión, [241] de hecho, una parte muy grande del comercio de este reino en sus manos? ¿Y no se obtiene más con esto que con la compra de propiedades o con la posesión de empleos civiles, cuyos ingresos suelen ir acompañados de grandes gastos?

Una casa ordenada, ropa de abrigo y comida sana son motivos suficientes para trabajar. Si todos los tuvieran seríamos una nación floreciente. Y si los que se esmeran pueden tenerlos, los que no se esfuerzan no son dignos de compasión; deben ser considerados y tratados como zánganos, la peste y la desgracia de la sociedad.

Se dirá que la dureza del propietario dificulta la industria del inquilino. Pero si el alquiler es alto y el propietario riguroso, hay más necesidad de industria en el inquilino. Es bien sabido que en Holanda los impuestos son mucho más altos y el alquiler, tanto de la tierra como de las casas, es mucho más caro que en Irlanda. Pero esto no es una objeción ni un impedimento para la industria de la gente, que está más bien animada y estimulada a ganarse el sustento con el trabajo, que no se consigue sin él.

Dirán que es fácil hacer un discurso plausible sobre la industria y sus ventajas; pero ¿qué se puede esperar de pobres criaturas que están desprovistas de todas las comodidades para realizar su industria, que no tienen nada que mejorar, nada con lo que empezar en el mundo? Respondo, tienen sus cuatro extremidades y sus cinco sentidos. ¿No es nada poseer los órganos corporales sanos y enteros? Esa maravillosa máquina, la mano, ¿se formó para estar ociosa?

Si hay voluntad de trabajar, no faltan en esta isla ni oportunidades ni estímulos. El hilado por sí solo podría emplear a todas las manos ociosas (tanto de los niños como de los padres), ya que se aprende pronto, se realiza fácilmente y nunca deja de tener mercado, no requiere ni ingenio ni fuerza, sino que se adapta a todas las edades y capacidades. El público proporciona los utensilios y las personas que enseñan a usarlos, pero no puede proporcionar un corazón y una voluntad para ser industrioso. Estos, no lo negaré, pueden encontrarse en varias personas en algunas otras partes del reino y dondequiera que se encuentran se manifiestan los efectos beneficiosos. Pero rara vez, muy rara vez, se encuentran en esta gente del sur, cuya indolencia representa un león en el camino y está a prueba de todo estímulo.

Pero ustedes insistirán, ¿cómo puede un hombre pobre, cuyo trabajo diario se destina al pago de su alquiler, ser capaz de proveer las necesidades presentes para su familia y mucho menos de acumular una reserva para el futuro? Se debe reconocer que una parte considerable del tiempo y del trabajo del pobre se destina a pagar el alquiler. Pero ¿cómo se emplean su esposa y sus hijos, o cómo se emplea [242] él mismo el resto de su tiempo? El mismo trabajo cansa, pero diferentes trabajos alivian. Donde hay un verdadero espíritu de industria nunca faltará algo que hacer, de puertas para afuera o para dentro, a la luz de las velas o a la luz del día. *Labor ipse voluptas,* dice el poeta[6], y esto se verifica en los hechos.

En Inglaterra, cuando termina el trabajo del campo, es habitual que los hombres se dediquen a un trabajo de otro tipo. En las partes del norte de esa industriosa tierra los habitantes se reúnen, en alegre cuadrilla, en las casas de los demás, donde pasan alegre y frugalmente las largas y oscuras tardes de invierno; varias familias, a la misma luz y el mismo fuego, trabajan en sus diferentes manufacturas de lana, lino o cáñamo; la compañía, mientras tanto, se anima mutuamente y promueve el trabajo. En algunas otras[7] partes se puede ver, en una tarde de verano, a los trabajadores comunes sentados a lo largo de la calle de una ciudad o aldea, cada uno en su propia puerta con un cojín delante de él haciendo encaje de bolillos y ganando más en un pasatiempo vespertino de lo que ganaría una familia irlandesa en un día entero. Esas personas, en lugar de terminar el día con un juego de cartas grasientas o tumbarse ante el fuego, pasan su tiempo mucho más alegremente en algún empleo útil que la costumbre ha vuelto ligero y agradable.

Pero admitiendo, por las diversas razones antes alegadas, que es imposible que nuestros aldeanos sean ricos, pese a esto es seguro que pueden estar limpios. Ahora, hagan que estén limpios y su trabajo estará medio hecho. Un poco de lavado, restregado y frotado, aplicado a sus personas y casas, introduciría una especie de industria y la industria de cualquier tipo es propensa a producir otra.

La indolencia con la suciedad es un síntoma terrible que se manifiesta en nuestros irlandeses de menor rango, tal vez más que en cualquier otro pueblo de este lado del Cabo de Buena Esperanza. Me atreveré a añadir que si miran por todo el reino no encontrarán una casa limpia habitada por personas limpias y además carente de necesidades; el mismo espíritu de industria que mantiene a la gente limpia es suficiente para mantenerla también con comida y vestido.

Pero ¡ay! nuestros pobres irlandeses están casados con la suciedad por principio. Con algunos de ellos es una máxima que la forma de hacer prosperar a los niños es mantenerlos sucios. Y de verdad creo que la familiaridad con la suciedad, contraída y alimentada desde su infancia, es una de las principales causas de esa pereza que los acompaña en todas las etapas de la vida. Si a los niños se les criara en el aborrecimiento de la suciedad y se les obligara a mantenerse limpios, tendrían algo que hacer, mientras que ahora no hacen nada.

[243]

Está fuera de toda duda que aquellos que son educados en una indiferencia supina hacia todas las cosas, ya sean beneficiosas o decentes, deben necesariamente contraer una somnolencia e indolencia que conduce inevitablemente a la pobreza y a todas las demás angustias que la acompañan. «No te entregues al sueño —clama Salomón— que te empobrecerás; abre tus ojos y te saciarás de pan» (Prov. XX, 13). Por esta razón sería muy deseable que persuadan a los padres de que inculquen a sus hijos a temprana edad el hábito de la industria, como la forma más segura de evitar las miserias que de otro modo les sobrevendrán.

Un hábito temprano, ya sea de pereza o de diligencia, no dejará de mostrarse a lo largo de toda la vida de un hombre. «Instruye al niño —dice el sabio— al comienzo de su camino y cuando sea viejo no se apartará de él» (Prov. XXII, 6). La primera tintura suele dejar una mancha tan profunda que ninguna idea o esfuerzo posterior puede eliminar[8]. De ahí que la pereza en algunas mentes sea una prueba contra todos los argumentos y ejemplos cualesquiera, todos los motivos de interés y deber, todas las impresiones incluso de frío y hambre. Este hábito, arraigado en el niño, crece y se adhiere al hombre produciendo una apatía general y una aversión al trabajo. Esto lo considero nuestra gran calamidad.

Porque admitiendo que algunos de nuestros terratenientes y señores son buitres con entrañas de hierro –y que su dureza y severidad es un gran desaliento para el inquilino, que naturalmente preferirá la carencia y la facilidad antes que la carencia y el trabajo–, debe reconocerse al mismo tiempo que ni el terrateniente en general es tan duro, ni el clima tan severo, ni el suelo tan ingrato como para no recompensar el trabajo del agricultor, cuando hay un espíritu de industria; la falta de este es la verdadera causa de nuestra desgracia nacional. De esto hay muchas pruebas evidentes.

Yo mismo he conocido a un hombre, de la condición más baja de la vida, sin amigos ni educación, sin saber escribir ni leer, sin haber sido criado para ningún oficio ni vocación, que a fuerza de trabajo diario, frugalidad y previsión se ha vuelto rico, incluso en esta isla y con todas las desventajas antes mencionadas. Y lo que ha hecho uno es posible para otro.

En Holanda, un niño de cinco años se mantiene con su propio trabajo; en Irlanda, muchos niños del doble de esa edad no hacen más que robar o estorbar en la cocina y en el estercolero. Este vergonzoso descuido de la educación se muestra a lo largo de toda su vida en una pereza incomparable, profundamente arraigada y que no se explica por ninguna dificultad o desaliento externo. Es el color nativo, si podemos hablar así, y la complexión de la gente. Los holandeses, ingleses, franceses o flamencos no pueden igualarlos.

Observen a un irlandés que trabaja en el campo; si pasa un carruaje o un jinete, seguro suspende su trabajo y se queda mirando hasta que se pierdan de vista. Un vecino mío observó en un viaje de Londres a Bristol que a todos los jornaleros a los que preguntó por el camino respondieron siempre sin levantar la vista ni interrumpir su trabajo, excepto uno que se quedó mirando y apoyado en su pala y que resultó ser un irlandés.

Es algo vergonzoso y peculiar de esta nación, ver vagabundos lujuriosos paseando por el país y mendigando sin pretender hacerlo. Pregúntenles por qué no trabajan para ganarse su propio sustento, les dirán que quieren empleo; ofrézcanles emplearlos y rechazarán su oferta; o si los ponen a trabajar un día pueden estar seguros de que no los verán al siguiente. Los he conocido que rechazan incluso el trabajo más ligero, el de henar, no teniendo al mismo tiempo ni ropa para sus espaldas ni comida para sus estómagos.

Una pierna adolorida es una condición deseable para estas personas; y esta se puede conseguir fácilmente y prolongarla con pequeñas molestias. Es tal su pereza que en lugar de trabajar se aferrarán a un malestar. Sé que esto es cierto, he visto más de un caso en el que la segunda naturaleza prevaleció tanto sobre la primera que se prefirió la pereza a la salud. A estos mendigos, que hacen mucho hincapié en sus llagas y prolongan sus enfermedades, no se les puede hacer un servicio que consideren más ingrato que el de curarlos, excepto afeitarles las barbas, porque propicia una suerte de reverencia hacia ese tipo de hombres.

Es, de hecho, una tarea difícil rescatar a esas personas de su forma de vida perezosa y brutal, a la que parecen estar casados con un apego que ningún motivo temporal puede derrotar; ni hay, humanamente hablando, ninguna esperanza de que se enmienden, salvo que el respeto por sus lecciones y el miedo a algo más allá de la tumba puedan producir un cambio en ellos.

Si se me permite aconsejar, sin duda ustedes deberían, a cambio de la lenidad y la indulgencia del gobierno, esforzarse por ser útiles al público; y esto se logrará mejor sacando a sus pobres compatriotas de su amada pereza. No discutiré ahora la verdad o la importancia de otros puntos, pero me atreveré a decir que todavía pueden encontrar [245] tiempo para inculcar esta doctrina de una *industria honesta;* y que esto de ninguna manera sería desperdiciar el tiempo si se piensa que vale la pena promover el interés de su país y rescatar a tantos desgraciados de su comunión de la mendicidad o de la horca.

Parecería que no pueden hacer en sus sermones nada mejor que arremeter contra la ociosidad, esa gran madre de muchas miserias y muchos pecados; la ociosidad, la madre del hambre y hermana del robo: «que la ociosidad —nos asegura el hijo de Eclesiástico— enseña muchos vicios» (Eclesiástico, XXXIII, 27)[9].

La misma doctrina se predica a menudo desde la horca. Y, de hecho, la pobreza, la desnudez y el hambre que la ociosidad impone a sus devotos hacen a los hombres tan desgraciados que bien pueden pensar que es mejor morir que vivir tales vidas. De ahí el valor de todas las empresas viles, que llevando a los hombres a una muerte vergonzosa les abren los ojos cuando van a cerrarse para siempre.

Si tienen alguna consideración (como no se puede dudar) por las almas o los cuerpos de su pueblo, o incluso por su propio interés y crédito, no pueden dejar de arremeter contra este abominable pecado de su país. Viendo que son hostiles a las leyes, ¿no deberían por prudencia intentar reconciliarse con el favor del público y pueden hacerlo más eficazmente que cooperando con el espíritu público de la legislatura y los hombres en el poder?

Si esto se hiciera de corazón, si se «insiste a tiempo y a destiempo; reprende, amenaza, exhorta» (2 Tim., IV, 2), tal sería el ascendiente que habrían ganado sobre el pueblo que pronto podríamos esperar ver sus buenos efectos. Podríamos esperar «que nuestros graneros estén pronto rebosantes, con todo tipo de provisiones, que nuestras ovejas se multipliquen a millares, que nuestros bueyes estén fuertes para trabajar, que no haya brechas ni aberturas (ni robo, ni migración por pan), y que no haya quejas en nuestras calles» (Sal. CXLIV, 144, 13-14).

Depende de ustedes actuar con vigor en esta causa y sacudir los grilletes de la pereza de sus compatriotas, especialmente porque hay algunos que suponen que ustedes mismos se los han puesto. Bien o mal, los hombres juzgarán las doctrinas de ustedes por sus frutos. Reflejará poco honor en sus maestros si en lugar de honestidad e industria los de su comunión se distinguen particularmente por las cualidades contrarias, o si la nación convertida por el gran y glorioso San Patricio fuera, por encima de todas las demás naciones, estigmatizada y señalada como buena para nada. [246]

No puedo suponer que sean tan enemigos de ustedes mismos como para ser amigos de esta odiosa pereza. Pero si esta fuera abolida y se introdujera en su lugar una loable industria, quizá se pueda preguntar, ¿quiénes van a ser los ganadores? Yo respondo que sus Reverencias serán los grandes ganadores; ya que por cada centavo que ganan ahora ganarán un chelín: ganarían también en su crédito y sus vidas serían más confortables.

No es necesario que les diga lo difícil que es sacar de los harapos y la penuria una subsistencia tolerable, o cuán ofensivo es desempeñar los deberes de su función en medio del hedor y la inmundicia, o cuánto cambiarían las cosas a mejor en proporción a la industria y la riqueza de sus rebaños. El deber, así como el interés, los llama a vestir al desnudo y alimentar al hambriento, a persuadirlo de «comer —en la frase del apóstol— su propio pan» o, como lo expresa el salmista, «el trabajo de sus propias manos». Al inspirar en sus rebaños el amor por la industria, socavarán al mismo tiempo la raíz de muchos vicios y los dispondrán a practicar muchas virtudes. Esta es, por tanto, la forma más rápida de mejorarlos.

Consulten a sus superiores. Les dirán que la doctrina aquí presentada es una sana doctrina católica, no limitada a los protestantes, sino que se extiende a todos y es admitida por todos, ya sean protestantes o católicos romanos, cristianos o mahometanos, judíos o gentiles. Y como es de la mayor amplitud también es de la mayor importancia. San Pablo dice expresamente que «si alguien no tiene cuidado de los suyos, y especialmente de los de su propia casa, ha renegado de la fe y es peor que un infiel» (1 Tim. V, 8).

En consecuencia, en vano se esfuerzan por hacer que los hombres sean ortodoxos en los puntos de fe si al mismo tiempo, a los ojos de Cristo y de sus apóstoles, permiten que sean peores que los infieles, que aquellos que no tienen fe en absoluto. Hay algo que parece incluso peor que la infidelidad; e incitarlos y estimularlos a erradicar esa cosa maldita de entre ustedes es el propósito y el objetivo de este discurso. La doctrina que recomendamos es una rama evidente de la Ley de la Naturaleza; fue enseñada por profetas, inculcada por apóstoles, alentada y reforzada por filósofos, legisladores y por todos los Estados sabios, en todas las épocas y en todas las partes del mundo. Por ello permítanme suplicarles que se esfuercen, «insiste a tiempo y a destiempo; reprende, amenaza, exhorta». Aprovechen todas las oportunidades para quitar al león del camino; alcen la voz, no omitan ninguna ocasión, pública o privada, para despertar a sus desgraciados compatriotas de su dulce sueño de la pereza. [247]

Muchos sospechan que su religión es la causa de esa notoria holgazanería que prevalece tan generalmente entre los nativos de esta isla, como si la fe católica romana fuera incompatible con una honesta diligencia en la vocación de un hombre. Pero quien considere el gran espíritu de industria que reina en Flandes y Francia, e incluso más allá de los Alpes, debe reconocer que se trata de una sospecha infundada. En el Piamonte y en Génova, en el Estado milanés y en el veneciano, y de hecho a lo largo de toda Lombardía, ¡qué bien se cultiva la tierra y qué manufacturas de seda, terciopelo, papel y otras mercancías florecen! El rey de Cerdeña no permitirá manos ociosas en sus territorios, ni que ningún mendigo viva del sudor de la frente ajena; incluso se ha penalizado en Turín aliviar a un mendigo paseante. A lo que podría añadir que la persona cuya autoridad es de mayor peso para ustedes, el propio Papa, se esfuerza hoy en día por dar nueva vida al comercio y a las manufacturas de su país.

Aunque no es un secreto que no soy de la Corte de Roma, no obstante me atreveré a afirmar que ni el Papa ni los cardenales se alegrarán de escuchar que los de su comunión se distinguen por sobre todos las demás por la pereza, la suciedad y la mendicidad; ni se disgustarán de que ustedes se esfuercen por rescatarlos del oprobio de tan infame distinción.

El caso es tan claro como el sol; lo que urgimos se hace valer por todos los motivos que pueden funcionar en una mente razonable. El bien de su país, su propio interés privado, el deber de su función y los gritos y angustias de los pobres piden con una sola voz su ayuda. Y si todos consideran que es correcto y justo, si es conforme a la razón y a la religión, si coincide con las opiniones de sus superiores temporales y espirituales, es de esperar que este discurso tenga una acogida favorable y que el celo por los puntos controvertidos no impedirá que coincidan en propagar una doctrina tan sencilla y útil, en la que todos estamos de acuerdo.

Cuando hay que detener una fuga o apagar un incendio, ¿no cooperan todas las manos sin distinción de secta o partido? O si caigo en una zanja, ¿no permitiré que un hombre me ayude hasta que haya examinado primero su credo? O cuando esté enfermo, ¿rechazaré la medicina porque mi médico cree o no cree en la supremacía del Papa? *Fas est et ab hoste doceri*[10]. Pero en verdad no soy enemigo de sus personas, independientemente de lo que pueda pensar de sus principios. Por el contrario, soy su sincero benefactor. Los considero como mis compatriotas, como vasallos del mismo soberano, como creyentes en el mismo Cristo. Y deseo con la mayor sinceridad que no haya otra contienda entre

[248]

nosotros excepto la de quién practicará más completamente los preceptos de Aquel por cuyo nombre somos llamados y cuyos discípulos todos profesamos ser.

***

Poco después de que se publicó el *Discurso* anterior, su impresor recibió la siguiente «Carta del Clero Católico Romano de la Diócesis de Dublín», deseando que se insertara en el *Diario de Dublín* del 18 de noviembre de 1749[11]:

Usted complacerá enormemente a muchos de sus lectores habituales si hace saber al público que el discurso que publicó recientemente, titulado «Una advertencia o una exhortación al clero católico romano de Irlanda», fue recibido por el clero católico romano de Dublín con el más alto sentido de gratitud; y este se toma la libertad, de esta manera pública, de devolver su sincero y cordial agradecimiento al digno autor, asegurándole que está decidido a cumplir con cada particular recomendado por él hasta el máximo de su capacidad. Cada página contiene una prueba de la enorme caridad del autor. Sus puntos de vista son sólo hacia el bien público. Los medios que prescribe son fáciles de cumplir y su manera de tratar a las personas, en las circunstancias en que se encuentran, es tan singular que muestra claramente al buen hombre, al caballero cultivado y al verdadero patriota. Todo esto tiene tan gran efecto sobre el clero que ya ha dirigido cartas circulares a los párrocos de esta Diócesis, recomendando de la manera más seria la lectura atenta y la ejecución celosa de lo que está contenido en dicho discurso; y se espera que al publicar esto en su *Diario* el clero católico romano de las otras partes de este reino sea inducido a seguir su ejemplo, lo que debe promover las loables opiniones de ese gran y buen hombre. Al mismo tiempo, él puede estar seguro de que el clero católico romano de esta ciudad se ha esforzado frecuentemente en recomendar a sus respectivos rebaños la industria y la debida aplicación a sus diferentes oficios y vocaciones, como un deber indispensable y como el medio de evitar [249] los muchos vicios y las malas consecuencias que generalmente acompañan a la pobreza criminal y a la necesidad. Pero para prevenir más eficazmente estos males y eliminar todas las excusas de la pereza y la ociosidad, ha seguido desde hace varios meses el ejemplo de muchos obispados en Lombardía, España, Nápoles, etc., y ha tomado las medidas más adecuadas y convenientes, en su opinión, para disminuir considerablemente el número de días festivos en este reino; y no tiene ninguna duda de que sus expectativas serán, en poco tiempo, plenamente respondidas para gran beneficio del público.

Somos sus más fervientes servidores.

Máximas sobre el patriotismo

Introducción

Antes de que Berkeley dejara el pequeño poblado de Cloyne para irse a vivir a Oxford, Inglaterra, escribió *Maxims Concerning Patriotism,* su último texto destinado a la imprenta. Se trata de un escrito breve en el que exhorta a cultivar la virtud en Irlanda. Las *Máximas* constituyen de alguna manera la síntesis de su pensamiento social, político y moral porque describen la naturaleza del patriotismo y ponen de relieve la figura del patriota. Este representa al individuo consciente que entiende que vivir en sociedad implica priorizar el bienestar colectivo y público frente a los deseos privados, incluidos los propios.

Breuninger señala que las *Máximas* fueron escritas en el contexto de los debates en Dublín sobre la reforma política y la relación constitucional entre Irlanda y Gran Bretaña, provocados principalmente por los discursos y tratados de Charles Lucas[1], político radical y miembro del parlamento irlandés. En medio de esos acalorados debates, Berkeley quiso ofrecer una posición moderada que evitara el espíritu de partido; por ello, la gran mayoría de las máximas describen acciones o características antipatriotas pero dejan al lector la tarea de determinar cuál es la actitud patriótica, es decir, aunque el propio Berkeley estableció ciertas directrices al relacionar patriotismo con «bien común»[2] no quiso imponer una forma de entender el patriotismo. Quizá por eso las virtudes clásicas de frugalidad, lealtad, honestidad, benevolencia, humildad y generosidad están presentes en el escrito, pero no se las nombra directamente como sí sucede en obras anteriores.

En relación con esto último, Jones vincula las *Máximas* con obras anteriores de Berkeley al señalar que en ellas subyace su compromiso con juramentos públicos de lealtad, ya sea hacia al Estado o hacia una Iglesia establecida, por ser condición necesaria para obtener los beneficios de la vida en sociedad. Esto explicaría por qué el filósofo incorporó la máxima diecisiete, «Ningún hombre perjura a causa de la conciencia», en la edición de la *Miscelánea* de 1752. Con esta sentencia afirma que no hay ninguna exigencia de conciencia lo suficientemente grande como para contrarrestar un juramento, lo que recuerda *Obediencia pasiva* y con ella la importancia para Berkeley del juramento y de la obligación de obedecer. Por otro lado, Jones sostiene que a pesar de la postura moderada de las *Máximas* «el relativo ecumenismo de Berkeley en los años posteriores no debe confundirse con un debilitamiento de su creencia en los derechos y privilegios temporales exclusivos del cristianismo protestante establecido»[3]. Ya sea que esté de acuerdo o no con Jones, lo cierto es que las cuarenta y dos sentencias que conforman las *Máximas* son una prueba más de la preocupación de Berkeley por la virtud y el bienestar de Irlanda e ilustran su firme creencia de que la moralidad de una nación determina su salud general.

Las *Máximas* se publicaron en Dublín en 1750 de manera anónima y bajo el nombre de «By a Lady» («Por una dama»). Aunque existía la sospecha de que Berkeley era el autor del escrito, la duda se disipó por completo cuando decidió publicarlas en su *Miscellany* de 1752 y omitió la referencia a la dama como autora del escrito. Sin embargo, a pesar de que se tiene clara su autoría, existe el consenso entre la mayoría de los especialistas de que su esposa, Anne Berkeley, participó en la elaboración de las máximas, por lo que bien puede ser llamada co-autora de las mismas[4].

A la versión de las *Máximas* contenida en la edición de Luce y Jessop la llamo edición 'C'. Se cotejó con la versión contenida en la *Miscellany* de 1752, que llamo edición 'B', y con la primera versión publicada de 1750, que llamo 'A'. Los cambios y/o modificaciones son señalados a pie de página.

Máximas sobre el patriotismo

1. Todo hombre, al consultar su propio corazón, puede saber fácilmente si es o no un patriota. Pero esto no es tan fácil para los espectadores.

2. Ser escandaloso y vehemente, ya sea en contra o a favor de un tribunal, no es prueba de patriotismo.

3. Un hombre cuya pasión por el dinero es muy intensa augura no ser un patriota. Y asimismo aquel cuyo apetito está ávido de poder.

4. Un nativo más que un extranjero, un casado más que un soltero, un creyente más que un infiel, tienen más posibilidades de ser patriotas.

5. Es imposible que un epicúreo sea un patriota.

6. Es imposible que un hombre que hace trampas en las cartas o carga los dados sea un patriota.

7. Es imposible que un hombre que es falso con sus amigos y vecinos sea honesto con el público.

8. Todo sinvergüenza es un completo sinvergüenza. Y un completo sinvergüenza es un sinvergüenza en todo momento.

9. Un hombre que no tiene sentido de Dios o de la conciencia: ¿harías a alguien así guardián de tu hijo? Si no es así, ¿por qué guardián del Estado?

10. Un borracho, una bestia, entumecido y aturdido por el exceso no es bueno para nada, mucho menos para hacer de él un patriota.

11. Un petimetre u hombre de placer no llega a ser más que un patriota despreciable.

12. Un hombre hosco e intratable que no ama a nadie difícilmente amará a su país.

13. El amor a la alabanza y la estima puede ayudar en algo: pero para hacer un verdadero patriota tiene que haber un sentido interior del deber y la conciencia.

14. La honestidad (como otras cosas) crece a partir de su propia semilla, de los buenos principios sembrados a edad temprana en la mente.

15. Para ser un verdadero patriota, un hombre debe considerar a sus compatriotas como criaturas de Dios y a él mismo como el responsable de su actuación hacia ellos.

[254] 16. Si *pro aris et focis*[1] es la vida del patriotismo, aquel que no tiene religión ni hogar se convierte en un patriota sospechoso[2].

17. Ningún hombre perjura a causa de la conciencia[3].

18. Hay una manera fácil de reconciliar a los descontentos. *Sunt verba et voces quibus hunc lenire dolorem*, etc.[4].

19. Un buen mozo de cuadra preferirá acariciar que golpear[5].

20. El que dice que no existe tal cosa como un hombre honesto, puedes estar seguro de que él mismo es un sinvergüenza.

21. No tengo ninguna opinión sobre sus excelentes patriotas. Unos comen, otros beben, otros se pelean por su país. ¡MODERNO PATRIOTISMO!

22. Íbico[6] es un hombre afligido, fastidioso y tacaño. Es probable que Íbico no sea un patriota.

23. No debemos pensar que todo arengador clamoroso, o todo colérico descontento contra un tribunal, sea por ello un patriota.

24. Un patriota es aquel que desea sinceramente la prosperidad pública, y no sólo desea, sino también estudia y se esfuerza por promoverla.

25. Jugadores, petimetres, disolutos, rufianes, defraudadores: ¡Hay! ¡Qué patriotas!

26. Algunos escritores han pensado que es imposible que los hombres sean inducidos a burlarse del espíritu público. Sin embargo, esto se ha hecho en la época actual[7].

27. El patriota aspira a alcanzar su bien privado en el público. El sinvergüenza subordina lo público a su interés privado. El primero se considera a sí mismo como parte de un todo, el segundo se considera a sí mismo como el todo.

28. Hay y siempre habrá un conflicto natural entre el tribunal y el país. Uno obtendrá todo lo que pueda y el otro dará lo menos que pueda. ¿Cómo debe comportarse el patriota?

29. Él da lo necesario. Si da más, es con el fin de mejorar más a su país.

30. Un patriota nunca negociará el dinero público para su beneficio privado.

31. Nunca se debe cometer el mal moral, se puede incurrir en el mal físico ya sea para evitar un mayor mal o para procurar un bien.

32. Donde el corazón es justo hay verdadero patriotismo.

[255] 33. En sus hombres de negocios es más fácil encontrarse con una buena cabeza que con un buen corazón.

34. Un patriota admitirá que puede haber hombres honestos y que los hombres honestos pueden diferir.

35. El que siempre culpa o siempre elogia no es patriota.

36. Si todos los cortesanos fueran dulces y furtivos o todos fueran amargados descontentos[8], en ambos casos el público florecería pero de mala manera.

37. Un patriota difícilmente desearía que no hubiera contraste en el Estado.

38. Los fermentos de la peor clase resultan de la perfecta inacción.

39. Un hombre se enfurece, vitupera y desvaría; sospecho de su patriotismo.

40. El cortesano adulador y el terrateniente arisco con frecuencia pretenden lo mismo: cada uno su propio interés.

41. Un patriota no estimará a ningún hombre por ser de su partido.

42. El hombre faccioso tiende a confundirse con un patriota.

Notas

Estudio introductorio

1. Luce, Arthur A., «Appendix, Berkeley's Birthplace», en «The purpose and the date of Berkeley's Commonplace Book», *Proceedings of the Royal Irish Academy* 48, C, n.º 7 (febrero), 1943.
2. La anécdota que narra que el encuentro que tuvo Berkeley en París con Nicolás Malebranche produjo tal malestar en el oratoriano que no sólo lo enfermó, sino que le causó la muerte a los pocos días (cfr. Quintanilla, Ignacio, *George Berkeley,* Madrid: Ediciones del Orto, 1995), es curiosa pero totalmente falsa. Si Berkeley se entrevistó con Malebranche lo hizo a finales de 1713, pero Malebranche falleció en octubre de 1715, dos años después de ese supuesto encuentro (cfr. Pitcher, George, *Berkeley,* México: FCE, 1983, p. 13).
3. Cfr. Carta a Johnson del 25 de noviembre de 1729, en *The Correspondence of George Berkeley,* Hight, Marc. A. (ed.), Nueva York: Cambridge University Press, 2013, p. 305.
4. *The Dublin Journal,* 18 de noviembre de 1749. Cfr. *The Works of George Berkeley, D. D., Bishop of Cloyne.* 2 vols. G. N. Wright (ed.), Londres: Kessinger Publishing, reimpr. 2004 [1843], p. 12.
5. Urmson, James O., *Berkeley,* Madrid: Alianza Editorial, 1984, § 8, p. 118.
6. Olscamp, Paul J., «Some suggestions about the moral philosophy of George Berkeley», *Journal of the History of Philosophy* 6, 2 (1968), pp. 147-

156; Timothy D. Sullivan, «Berkeley's moral philosophy», *Philosophical Studies (Dublin)* 19 (1970), pp. 193-201.

7. Olscamp, Paul J., *The Moral philosophy of George Berkeley*, La Haya: Martinus Nijhoff, 1970.

8. Por ejemplo, mientras Leary mostró la existencia de una teoría social en Berkeley, Urmson, a pesar de reconocer la importancia del pensamiento social y político del irlandés, apenas le dedicó al asunto cinco páginas (pp. 72-76) en el capítulo 7 de su libro. Ver Leary, David E. «Berkeley's Social Theory: Context and Development». *Journal of the History of Ideas* 38, 4, 1977, pp. 635-649 y Urmson, J. O., *Berkeley*, Oxford: Oxford University Press, 1982.

9. Winkler, Kenneth P., *Cambridge Companion to Berkeley*, Nueva York: Cambridge University Press, 2005, pp. 311-338.

10. Breuninger, Scott, *Recovering Bishop Berkeley: Virtue and Society in the Anglo-Irish Context,* Nueva York: Palgrave-Macmillan, 2010.

11. Flage, Daniel E., *Berkeley*, Cambridge: Polity Press, 2014.

12. Charles, Sébastien, *Berkeley Revisited: moral, social, and political philosophy*, Voltaire Foundation, Oxford: Oxford University Press, 2015.

13. *Ibid.*, p. 2.

14. Jones, Tom, *George Berkeley: A Philosophical Life*, Princeton NJ: Princeton University Press, 2021.

15. Turgot, A. R. J., «Cuadro filosófico de los progresos sucesivos del espíritu humano», en *Discursos sobre el progreso humano*, Madrid: Tecnos, 1991, pp. 35-65.

16. Cfr. Sasso, Robert, «Voltaire et le Système de la nature de d'Holbach», *Revue internationale de philosophie* 32, 1978, pp. 279-296; Charles, Sébastien, «La figure de Berkeley dans la pensée de Voltaire», *Dixhuitième siècle* 33, 2001, pp. 415-432.

17. State, F. Paul, *A brief History of Ireland*, Nueva York: Facts on File, Inc., 2009, pp. 127-149.

18. Houghton, Raymond, *The World of George Berkeley*, Dublín: The Irish Heritage Series, 53, 1985. Cfr. Kearney, Richard. «Berkeley and the Irish Mind», *Études irlandaises* 11, 1986, pp. 37-38.

19. Charles sostiene que el trasfondo práctico del pensamiento de Berkeley abarca tres grandes cuestiones: la jurídica, la política y la económica. Sin embargo, el texto de Kearney me parece más acertado al mencionar, entre otras, las tres cuestiones que señalo. Cfr. Charles, Sébastien, *Berkeley Revisited: moral, social, and political philosophy,* p. 2 y Kearney, «Berkeley and the Irish Mind», *op. cit.*, pp. 37-40.

20. *Theory of Vision Vindicated* § 2, 8, v. 1. Añado el volumen (v.) cuando refiero a las obras de Berkeley de la edición de Luce y Jessop. Cfr. Jones, Tom, *George Berkeley: A Philosophical Life*, Princeton NJ: Princeton University Press, 2021, pp. 14-22.

21. *An Universal Etymological English Dictionary*, Londres: N. Bailey, 3.ª ed., 1726.

22. Berman, David (ed.), *Alciphron in Focus*, Londres: Routledge, 1993, p. 10.

23. Toland fue una notable excepción ya que, a pesar de haber nacido católico y de lengua gaélica, sus ideas (véase *Christiany not Mysterious, Letters to Serena* y *Pantheisticon*) le llevaron a adherirse a la Ilustración y a convertirse al presbiterianismo disidente y luego al latitudinarismo, lo que le valió ser criticado y censurado prácticamente por toda la comunidad intelectual de Irlanda.

24. Berman, David, «Enlightenment and Counter-Enlightenment in Irish Philosophy», *Archiv für Geschichte der Philosophie*, 64, (2), 1982, p. 148.

25. *Alcifrón* VII, 30, p. 327, v. 3. Véase Berman, «Enlightenment and Counter-Enlightenment...», pp. 163-164.

26. Kearney, «Berkeley and the Irish Mind», *op. cit.*, p. 40.

27. Berman, David, «The Irish Counter-Enlightenment», en *The Irish Mind: Exploring Intellectual Traditions*, Kearney, Richard (ed.), Nueva York: Wolfhound Press, Dublín/Humanities Press, 1984, p. 139.

28. Los saduceos fueron un antiguo grupo político-religioso judío conformado por miembros de la clase alta y aristócrata. Rechazaban la resurrección y la vida eterna, por lo que le daban mucha importancia a los intereses seculares y materiales de la vida (véase, Mt. 3, 7; 16, 1; 22, 23-33. Marcos 12, 18-27 y Hechos 4, 1-3; 23, 7-8). Ver *Alcifrón* II, 7; III, 16 y VI, 26, v. 3 y *Discurso a los Magistrados*, p. 211, v. 6

29. *Alcifrón* I, 10, pp. 46-47, v. 3.

30. «The sanctions of religion», *Essays*, pp. 200-201, v. 7

31. Máxima 24, *Máximas sobre el patriotismo*, p. 254, v. 6.

32. Charles, Sébastien, *Berkeley Revisited, op. cit.*, pp. 11-12.

33. Luis López, Alberto, «Berkeley: sobre la autoridad civil y el Estado secular», *Bajo palabra Revista de filosofía* 2, 22, 2019, p. 138 ss.

34. Sullivan, Thomas D. «Berkeley's Moral Philosophy», *Philosophical Studies* 19, 1970, pp. 200-201.

35. *Discurso a los magistrados*, pp. 208-209, v. 6.

36. Cfr. Sermón IX, *Anniversary Sermon before the Society for the Propagation of the Gospel*, pp. 114-128, v. 7.

37. Berkeley, *Discurso a los magistrados*, p. 207, v. 6.

38. Kelly, Patrick, «'Industry and Virtue versus Luxury and Corruption': Berkeley, Walpole, and the South Sea Bubble Crisis», *Eighteenth Century Ireland* 7, 1992, pp. 57-74.

39. Kelly, Patrick, «Berkeley and the Idea of a National Bank», *Eighteenth-Century Ireland* 25, 2010, p. 99.

40. Cafentzis, C. George. «The failure of Berkeley's bank: money and libertinism in eighteenth-century Ireland», en Daniel Carey y Christopher J. Finley (eds.), *The Empire of Credit: The Financial Revolution in Britain, Ireland, and America, 1688-1815*, Dublín: Irish Academic Press, 2011, pp. 229-248.

41. *Una advertencia o exhortación*, p. 235, v. 6. Contrario a lo que algunos escritos casi hagiográficos sobre Berkeley señalan, no todos los miembros del clero católico vieron con beneplácito su carta enviada en 1749 al clero católico romano. Es el caso de un clérigo del norte de Irlanda que redactó *An Answer to the Bishop of Cloyne's Exhortation to the Roman Catholics*, una misiva a Charles O'Conor, fechada el 24 de marzo de 1749, en la que criticó lo dicho por Berkeley indicando que «la pereza y la ociosidad no son más propios de nuestros compatriotas que de cualquier otro pueblo sobre la tierra, y los que ahora son notables por su industria (por ejemplo, los holandeses, franceses, etc.) serían lo que somos en nuestras circunstancias». Este clérigo concluyó que el consejo o exhortación del obispo de Cloyne era una «deshonra lanzada sobre nosotros por aquellos a quienes el interés propio ha predispuesto contra nosotros [...] y cuya decidida resolución ha sido por muchos años, y sigue siendo, volvernos pobres y miserables». Berman, David, «A Note on Berkeley and his Catholic Countrymen», *Long Room* 16/17, 1978, pp. 26-28 y *George Berkeley. Idealism and the Man*, Oxford: Oxford University Press, Clarendon Press, reimp. 2002 [1994], p. 193.

42. Para el uso inclusivo del 'nosotros', véase *Comentarios Filosóficos* § 392, 393, 394, v. 1, mientras que para la forma exclusiva del 'ellos' ver, por ejemplo, *Una advertencia o exhortación*, p. 242, v. 6.

43. Cfr. Carta a Thomas Prior, 5 de marzo de 1736/37, en *The Correspondence of George Berkeley,* Marc A. Hight (ed.), Nueva York: Cambridge University Press, 2013, p. 398.

Obediencia pasiva

Introducción

1. Cfr. Berman, David, «The Jacobitism of Berkeley's Passive Obedience», *Journal of the History of Ideas* 47, 1986, pp. 309-319.

2. Carta a Gervais del 24 de noviembre de 1745, en *The Correspondence of George Berkeley*, Marc A. Hight (ed.), Nueva York: Cambridge University Press, 2012, pp. 486-487.

3. John Locke reconoció el derecho a la rebelión; véase *Segundo tratado sobre el gobierno civil*, § 149, 155, 168, 207-210, 220-231, 240-243.

Obedicencia pasiva

1. *(N. del T.).* «Ni por el senado ni por el pueblo salvo que poseamos esta ley». Cicerón, *De republica*. La cita completa dice «La verdadera ley es una recta razón, congruente con la naturaleza, general para todos, constante, perdurable, que impulsa con sus preceptos a cumplir el deber, y aparta del mal con sus prohibiciones. [...] Tal ley, no es lícito suprimirla, ni derogarla parcialmente, ni abrogarla por entero, ni podemos quedar exentos de ella por voluntad del senado o del pueblo». Marco Tulio Cicerón, *Sobre la República*, libro III, pp. 22-33. Trad. Álvaro D' Ors, Madrid: Gredos, 1984.

2. *(N. del T.).* En el manuscrito se añade, de Romanos 13, 1-2, «Que todos se sometan a las autoridades establecidas, pues no hay autoridad que no provenga de Dios, y las que existen, por Dios han sido constituidas. De modo que, quien se opone a la autoridad, se resiste al orden divino». Nácar y Colunga comentan sobre el pasaje: «La obediencia a las autoridades civiles es para el cristiano un deber de conciencia, pues la autoridad que ejercen emana de Dios, que, como es autor del hombre social, es por lo mismo autor de la sociedad y de la autoridad, que es la forma de la sociedad misma». *Sagrada Escritura*, Madrid: Biblioteca de Autores Cristianos, 1961, p. 1182.

3. *(N. del T.).* A diferencia de pensadores como Hobbes o Locke y separándose de las teorías iusnaturalistas, Berkeley no se pregunta en su escrito por la génesis del Estado.

4. *(N. del T.).* Véase Romanos 13, 1-7.

5. *(N. del T.).* Jessop, pp. 8-11, v. 6, resume el plan del discurso del siguiente modo:

1. La no-resistencia al poder civil supremo es una obligación absoluta (sección 4-32). I) La lealtad es un deber moral (secc. 4-25); II) los preceptos morales negativos son absolutos (secc. 26-32).

2. Causas y razones de la opinión contraria (secc. 33-40). I) La conservación de uno mismo como primera ley de la naturaleza (secc. 33-35); II) el bien común como norma de la obediencia civil (secc. 36); III) ningún poder civil detenta un poder ilimitado sobre la vida de los súbditos (secc. 37); IV) la no-resistencia sería esclavizante; V) la perversidad de los tiranos (secc. 39); VI) dado que la obediencia activa está limitada, ¿por qué no también la obediencia pasiva? (secc. 40).

3. Objeciones contra la no-resistencia fundadas en las pretendidas consecuencias y las respuestas a las objeciones (secc. 41-52). I) Una ley que hace sufrir al inocente no puede ser divina (secc. 41-42); II) una sumisión total fomenta la tiranía (secc. 45-46); III) al acabar con toda oposición, la ley de no-resistencia vuelve la opresión aún más intolerable (secc. 47); IV)

¿no hay casos excepcionales que permitan la rebelión? (secc. 48-49); V) la única obediencia legítima para los seres razonables sería la obediencia racional basada en el reconocimiento de la capacidad de las leyes para promover el bien común (secc. 50); VI) Una sumisión completa pone a las personas en una posición peor que la anarquía (secc. 51); VII) ¿se debe someter incluso a los usurpadores y a los locos? (secc. 52).

Conclusión (secc. 53-56)].

6. *(N. del T.).* Seguramente Berkeley tenía en mente a teóricos como Hobbes, Pufendorf y Locke, pero también a autores como George Buchanan, *De jure regni apud Scotos* (1579), John Milton, *Pro populo anglicano defensio* (1651), o Algernon Sidney, *Discourses Concerning Government* (1698).

7. *(N. del T.).* Mateo 5, 33-36. Este tema lo trata Berkeley también en *Consejo a los tories* (1715), pp. 53-59, v. 6.

8. *(N. del T.).* Tema desarrollado en las secciones 4-25.

9. *(N. del T.).* Es posible que la primera opinión apunte a Malebranche y la segunda y tercera a Herbert de Cherbury.

10. *(N. del T.).* Secciones 5-14.

11. *(N. del T.).* Sobre el tema del «amor propio» ver los sermones *On Charity* (1714), p. 33, v. 7; *On the mission of Christ* (1714), p. 48, n.º 1, v. 7, y *On the Mystery of Godliness* (1713), pp. 90-91, v. 7. También ver *Comentarios Filosóficos* § 851, p. 101, v. 1.

12. *(N. del T.).* En el manuscrito no aparece: «Como el amor propio [...] evitar la otra».

13. *(N. del T.).* Cfr. *Comentarios F.* § 769, 773, p. 93, v. 1 y *Alcifrón* II, 13, v. 3].

14. *(N. del T.).* Cfr. *Principios* § 152-153.

15. *(N. del T.).* Cfr. *Comentarios F.* § 852, p. 101, v. 1; de los *Essays* en *The Guardian*, v. 7, el ensayo «Pleasures», pp. 193-197; «The Sanctions of Religion», p. 200; «Public Schools and Universities», p. 203; «Happiness», pp. 214 y 216; de los *Sermons*, v. 7, «On Immortality», p. 11; *Siris* § 264 y 294, pp. 124, 136-137, v. 5.

16. *(N. del T.).* Continúa en el manuscrito: «Y a medida que las [palabra ilegible] del sentido se reducen y las de la razón se cultivan y maduran, nuestra perspectiva se vuelve proporcionalmente más grande, las ventajas remotas se acercan a la mente y se ven en sus justas dimensiones. Esta es la victoria de la razón sobre los sentidos; "esto es lo único que puede hacer que nuestras elecciones sean sabias y no se reviertan". En fin, esto es lo que justifica esas represiones a la carne y a la sangre, estas abnegaciones y mortificaciones que a algunas mentes miopes y estrechas les parecen de lo más absurdas y antinaturales».

17. *(N. del T.).* Isaías 15, 17.

18. *(N. del T.).* Cfr. Sermón «On Charity», p. 34, v. 7.

19. *(N. del T.)*. Cfr. Sermón «On the Will of God», p. 130, v. 7.

20. *(N. del T.)*. En el manuscrito no aparece: «De igual manera [...] obedecer Sus leyes».

21. *(N. del T.)*. En el manuscrito se añade: «Ahora bien, la voluntad de Dios no puede deducirse de otro modo que de la consideración de sus atributos y de la relación que tiene con sus criaturas, junto con una visión de conjunto de la naturaleza humana, de las operaciones visibles de la Providencia en el gobierno del mundo, de los diversos lazos y respetos mutuos entre los hombres, así como de la estructura, el gobierno y la disposición del sistema visible de los seres y de las dependencias de la naturaleza humana en las diversas partes del mismo, y de los muchos intereses distintos, pasiones e inclinaciones que surgen de ahí».

22. *(N. del T.)*. Como ejemplo de medios para lograr este conocimiento, cfr. Sermón «Sermon before S. P. G.», p. 116, v. 7.

23. *(N. del T.)*. Cfr. *Alcifrón* I 16, v. 3; Sermones, v. 7, «On Charity», pp. 27-39 y «On the Will of God», p. 132.

24. *(N. del T.)*. Cfr. *Ensayo para prevenir la ruina de Gran Bretaña*, p. 79, v. 6. «El mismo espíritu estrecho y ateo, concentrando todas nuestras preocupaciones en el interés privado y reduciendo todas nuestras esperanzas al mero disfrute de la vida presente, produce igualmente un olvido de lo que le debemos a Dios y a nuestro país»; máxima 27, *Máximas sobre el patriotismo*, p. 254, v. 6; *Alcifrón* II, 25, v. 3.

25. *(N. del T.)*. Cfr. Sermón «On the Will of God», p.131, v. 7.

26. *(N. del T.)*. Cfr. Sermón «On the Will of God», pp. 132-133, v. 7.

27. *(N. del T.)*. En el manuscrito continúa: «aunque siempre sería posible que al ser practicada sólo por algunos sea ocasión tanto de mal como de bien, a diferencia de si fuera practicada por todos».

28. *(N. del T.)*. Cfr. *Alcifrón* IV, 24; V, 16; VII, 25, v. 3.

29. *(N. del T.)*. Cfr. *Alcifrón* III, 5, v. 3 y la crítica de Berkeley a la teoría del sentido moral de Shaftesbury.

30. *(N. del A.)*. *De natura deorum*, Lib. II. [*(N. del T.)*. «El propio ser humano, por su parte, se originó para contemplar e imitar el mundo; no es perfecto en modo alguno, pero sí una especie de porción de lo perfecto», M. Tulio Cicerón, *Sobre la naturaleza de los dioses*, libro II, cap. 14, trad. Ángel Escobar. Madrid: Gredos, 1999. Además, cfr. Sermón «On the Will of God», p. 136, v. 7: «La perfección y el fin de nuestro ser es imitar a nuestro gran creador»].

31. *(N. del T.)*. Cfr. *Alcifrón* IV, 10, v. 3; *Principios* § 107, v. 2; *Theory of Vision Vindicated* § 40, v. 1; *Siris* § 254, v. 5.

32. *(N. del T.)*. Cfr. *Principios* § 30-32, v. 2; *Alcifrón* IV, 5, v. 3; *Nueva teoría de la visión* § 147, v. 1; ensayo «The Future State», p.181, v. 7; *Obediencia pasiva* § 28.

33. *(N. del T.).* En el manuscrito no aparece: «En cuanto a los milagros [...] obtenido de ellos». Sobre los milagros, cfr. *Principios* I § 63, v. 2 y *Alcifrón* VI, 30, v. 3.

34. *(N. del T.).* Cfr. *Alcifrón* II, 14, v. 3; ensayo «Happiness», p. 214, v. 7.

35. *(N. del T.).* Hobbes señaló algo parecido en Leviatán, cap. 29: «A esto puede añadirse la libertad de disputar contra el poder absoluto por aspirantes a la prudencia política, los cuales aunque están alimentados en su mayor parte por el viento que sopla del pueblo, animados por las falsas doctrinas, están constantemente debatiéndose con las leyes fundamentales, y molestan al Estado». México: FCE, 1980, p. 273. En cuanto a Berkeley, estas líneas pueden leerse como una crítica a las pretensiones de los librepensadores. Cfr. *Alcifrón* I, 5; I, 12; II, 8; II, 9, v. 3.

36. *(N. del T.).* Cfr. *Discurso a los magistrados*, p. 203, v. 6, «el orden y la regularidad en las acciones de los hombres no es un efecto del apetito o la pasión, sino del juicio, y este es gobernado por nociones u opiniones»; Este principio está vinculado a otro fundamental que aparece en la misma obra, «el comportamiento de los hombres es la consecuencia de sus principios» y allí mismo p. 201; *Alcifrón* V, 9, v. 3.

37. *(N. del T.).* Cfr. *Discurso a los magistrados*, «Lo que, por tanto, no se puede adquirir por el raciocinio de cada hombre debe ser introducido por precepto y fijado por la costumbre», p. 204, v. 6.

38. *(N. del T.).* Cfr. *Alcifrón* II, 20, v. 3.

39. *(N. del A.).* *Il disait ordinairement qu'il avait un aussi grand éloignement pour ce péché-là, que pour assassiner le monde, ou pour voler sur les grands chemins, et qu'enfin il n'y avoit rien qui fût plus contraire à son naturel.* Él (Sr. Pascal) solía decir que tenía tan gran aborrecimiento por la rebelión como por el asesinato, o por el robo en el camino, y que no había nada más ofensivo a su naturaleza. *Vida del sr. Pascal,* p. 44. [*(N. del T.).* La cita es tomada de *Vie de Monsieur Pascal,* escrita por la hermana de Pascal, Gilberte Périer, en 1662 o 1663, obra que tras serle robada fue publicada sin su consentimiento en 1684 en Ámsterdam. La cita está en la página 37 de la primera edición y no en la página 44 como Berkeley señala, lo que implica que la edición que revisó fue una de las varias reimpresiones que le siguieron a esa primera edición. Cfr. Pascal, *Oeuvres complètes.* París: Seuil, 1963, p. 30].

40. *(N. del T.).* Alusión a Hobbes, cfr. *Leviatán,* cap. 20; *Elementos del derecho natural y político,* 2.ª parte, cap. 6; *De cive,* cap. 12.

41. *(N. del T.).* Alusión a Locke, cfr. *Segundo Tratado sobre el gobierno civil,* cap. 8.

42. *(N. del T.).* Cfr. *Discurso a los magistrados,* v. 6; *Alcifrón* II, 22 y V, 35, v. 3; *Proposal for the better supplying of churches in Our Foreign Plantations* (1725), pp. 345, 356, 359, v. 7].

43. *(N. del T.).* Cfr. Ensayo «Short-sightedness»: «Las palabras y el dinero deben ser consideradas sólo marcas de las cosas. Y así como el conocimiento de una, al igual que la posesión de la otra, no sirve de nada a menos que se dirija a un fin. Un comercio mutuo no podría llevarse a cabo entre los hombres si no se hubiera establecido una norma común a la que se redujera el valor de todos los distintos productos del arte y de la naturaleza, y que pudiera ser de la misma utilidad en la transmisión de la propiedad como lo son las palabras en la de las ideas», p. 212, v. 7; *Alcifrón* VIII, 8, v. 3.

44. *(N. del T.).* Cfr. *Alcifrón* I, 16; III, 3, v. 3; ensayo «The Bond of Society», pp. 225-228, v. 7.

45. *(N. del T.).* Secc. 26-32.

46. *(N. del T.).* Cfr. *Principios* § 30-31, v. 2.

47. *(N. del T.).* Cfr. Sermón «On the Will of God», p. 131, v. 7.

48. *(N. del T.).* Cfr. Ensayo «Minute philosophers», p. 206, v. 7 y *Alcifrón* VI, 16, v. 3.

49. *(N. del T.).* Cfr. Ensayos «The Bond of Society», pp. 226-228 y «Happiness», p. 214, v. 7.

50. *(N. del T.).* Cfr. Locke, *Segundo tratado sobre el gobierno civil*, cap. 19, secc. 219 y 222; Pufendorf, *El derecho natural y de gentes*, VII, 9, 3; Cicerón, *De Legibus*, libro III, cap. 3: «Ollis salus populi suprema lex esto».

51. *(N. del T.).* Cfr. Tomás de Aquino, *Suma de teología*, parte II, C. 66, art. 3, obj. 3. Trad. Victorino Rodríguez Rodríguez. Madrid: Biblioteca de Autores Cristianos, 1993. Ver, además, sobre el fin y los medios, el ensayo VIII, *Short sightedness*, t. 7, p. 210 ss.

52. *(N. del T.).* Este parágrafo no aparece en el manuscrito.

53. *(N. del T.).* Sobre la ambigüedad de las palabras, cfr. *Comentarios Filosóficos* § 544, 690, v. 1 y Locke, *Ensayo sobre el entendimiento humano* III, V, 6; III, X, 9 (aparece el ejemplo de las palabras 'morir', 'asesinar', 'parricidio'); II, XI, 9 (ejemplo de la palabra 'justicia'); III, XI, 15-16 (se plantea construir una demostración moral); *Alcifrón* I, 10, v. 3 (la noción de librepensador) y *Discurso a los magistrados* (la noción de libertad), v. 6.

54. *(N. del T.).* Cfr. Locke, *Segundo tratado sobre el gobierno civil*, cap. 2, secc. 6 y cap. 14, secc. 168.

55. *(N. del T.).* Cfr. Sermón «On the Will of God», p. 133, v. 7.

56. *(N. del T.).* Cfr. *Alcifrón* II, 25, v. 3, posición de los librepensadores.

57. *(N. del T.).* Cfr. Locke, *Segundo tratado sobre el gobierno civil*, cap. 9, secc. 131; cap. 11, secc. 134-135.

58. *(N. del T.).* Este pasaje no aparece en el manuscrito: «y en verdad... sobre este asunto».

59. *(N. del T.).* Cfr. Locke, *Segundo tratado sobre el gobierno civil*, cap. 4, secc. 23, cap. 13, secc. 149, cap. 14, secc. 168.

60. *(N. del T.)*. Cfr. Ensayo «On the Will of God», pp. 133-134, v. 7; *Alcifrón* II, 14 y V, 28, v. 3; *Discurso a los magistrados:* «El hombre es un animal formidable tanto por sus pasiones como por su razón; sus pasiones frecuentemente le instan a grandes males y su razón le proporciona medios para alcanzarlos. Para domar este animal y hacerlo dócil al orden hay que habituarlo a un sentido de la justicia y de la virtud, detenerlo de tomar rumbos dañinos por el miedo, y alentarlo en su deber por las esperanzas; en suma, formarlo y modelarlo para la sociedad ha sido el propósito de las instituciones civiles y religiosas», p. 202, v. 6; *Alcifrón* II, 26, v. 3].

61. *(N. del T.)*. Véase secc. 26 y 32.

62. *(N. del T.)*. Hobbes aborda este mismo problema en *Elementos del derecho natural y político*, 2.ª parte, cap. 6.

63. *(N. del T.)*. Cfr. *Alcifrón* I, 4 (al inicio), v. 3; sermón «On the Will of God», p. 136, v. 7.

64. *(N. del T.)*. Cfr. *Alcifrón* V, 19-20, v. 3.

65. *(N. del T.)*. Cfr. Sermón «On the Will of God», p. 134, v. 7.

66. *(N. del T.)*. Cfr. Tomás de Aquino, *La monarquía* (*De Regno*), trad. Laureano Robles y Ángel Chueca. Tecnos: Madrid, 2007, I, 6; Juan Calvino, *Institución de la religión cristiana*, 2 vols. Madrid: Visor Libros, 2003, IV, 20, 19.

67. *(N. del A.)*. Platón, en *Epist.* VII. [*(N. del T.)*. Platón, *Diálogos*, vol. VII. Madrid: Gredos, Biblioteca Clásica, 2015, carta VII].

68. *(N. del T.)*. Cfr. *Consejo a los tories*, pp. 55-56, v. 6.

69. *(N. del A.)*. Cuando escribí esto, no podía imaginar que un hombre admitiría la justificación de esos crímenes bajo cualquier pretexto, pero desde entonces encuentro que un autor (supuestamente el mismo que publicó el libro titulado *Los derechos de la Iglesia Cristiana*) en un *Discurso sobre la obediencia a los poderes supremos*, impreso con otros tres discursos en Londres, en el año 1706, cap. 4, p. 28, hablando de las leyes divinas no se avergüenza de afirmar: «No hay ley que se refiera enteramente al hombre que deje de obligar si, ante la infinita variedad de circunstancias que afectan a los asuntos humanos, resulta contraria al bien del hombre». De modo que, según este autor, el parricidio, el incesto o el incumplimiento de la fe se convierten en cosas inocentes, si, en la infinita variedad de circunstancias, promueven (o cualquier persona particular piensa que promueven) el bien público. Después de lo que ya se ha dicho, espero que no necesite esforzarme para convencer al lector de lo absurdo y pernicioso de esta noción. Sólo observaré que parece que el autor fue llevado a ello por una aversión más que habitual a la obediencia pasiva, que lo puso a medir o limitar ese deber, y con igual razón todos los otros, por el bien público, hasta trastornar todo orden y moralidad entre los hom-

bres. Y hay que reconocer que la transición fue muy natural. [*(N. del T.)*. Esta nota fue añadida por Berkeley en la tercera edición de 1713. En ella se refiere al deísta inglés Matthew Tindal y a sus obras *An essay concerning obedience to the supreme powers, and the duty of subjects in all revolutions with some considerations touching the present juncture of affairs* (1694) y *The Rights of the Christian Church asserted against the Romish and all other priests who claim an independent power over it* (1706)].

70. *(N. del T.)*. Este pasaje introduce una restricción en el deber de la no-resistencia.

71. *(N. del T.)*. En el manuscrito esta sección va unida a la sección siguiente.

72. *(N. del A.)*. Grotius *De jure Belli et Pacis* I, c. 4, s. 7, y Puffendorf *De jure naturae et gentium* 7, c. 8, s. 7. [*(N. del T.)*. Véase, Hugo Grocio, *Del derecho de la guerra y de la paz*, trad. Primitivo Mariño. Madrid: Centro de Estudios Políticos y Constitucionales, 1987, I, 4, VII; Samuel Pufendorf, *Del derecho natural y de gentes*, VII, 8, VII (no hay traducción al español)].

73. *(N. del T.)*. Esta sección no está en el manuscrito. Fue añadida en la tercera edición de 1713.

74. *(N. del T.)*. Esta sección se relaciona con el primer párrafo de la sección 32.ª. Por otro lado, aquí aparece el proyecto inconcluso de una moral demostrativa comparable en rigor a la demostración matemática, el cual ya se encuentra en Locke (E III, II, 16; IV, III, 18 y 20; IV, IV, 7; IV, XII, 8 y carta a Molyneux del 20 de septiembre de 1692) y es retomado por Berkeley sobre todo en *Comentarios F.* § 239, 240, 683, 690, 697, 701, 705, 716, 724, 709, 755, 775 y en AMP 7, II.

Consejo a los tories que han prestado los juramentos

Introducción

1. Cfr. Kearney, Hugh, *Las islas británicas. Historia de cuatro naciones*, Madrid: Cambridge University Press, 1999 y O'Beirne Ranelagh, John. *Breve Historia de Irlanda*, México: FCE, 1989.

2. Cfr. Carta a John Percival del 6 de Julio de 1715, en *The Correspondence of George Berkeley*, Marc A. Hight (ed.), Nueva York: Cambridge University Press, 2013, p. 120.

3. Luce, Arthur A., *The Life of George Berkeley, Bishop of Cloyne*, Edimburgo: Thomas Nelson & Sons Ltd, 1949, p. 73.

4. Lorenz, Theodor, «Weitere Beiträge zur Lebensgeschichte George Berkeley's», *Archiv für Geschichte der Philosophie* 14, 3, 1901, pp. 293-318.

Consejo a los tories que han prestado los juramentos

1. *(N. del T.).* «He aquí lo correcto, la lealtad!». Frase contenida en la Eneida, libro IV, 597, del poeta romano Virgilio.

2. *(N. del T.).* El juramento de lealtad (*oath of allegiance*) tiene sus orígenes en la Inglaterra del siglo XIII, a partir de la Carta Magna de 1215 durante el reinado de Juan sin Tierra.

3. *(N. del T.).* Se trata de Jorge I de la casa de Hannover, quien gobernó Gran Bretaña e Irlanda de 1714 a 1727 luego de suceder en el trono a la reina Ana, primera soberana de Gran Bretaña y última monarca de la casa Estuardo.

4. *(N. del T.).* Aquí traduzco *Commonwealth* por República en el sentido moderno inglés, es decir, como concepto opuesto a la tiranía y no a la monarquía. El término ha tenido a lo largo de la historia otras acepciones como pueblo, público, comunidad política, nación o estado.

5. *(N. del T.).* Whig: partido fundado en 1679 para oponerse a la sucesión al trono del católico Jacobo (luego Jacobo II), duque de York. Representaba a los llamados *dissenters* y a los comerciantes, abogaba por una monarquía limitada, rechazaba el anglicanismo y el catolicismo, apoyó la Revolución Gloriosa e impulsó la Declaración de derechos (*Bill of Rights*).

6. *(N. del T.).* «No temen a las promesas, no tienen cuidado del perjurio». Gayo Valerio Catulo, *Poemas*, 64, 148. En 'A' la cita latina viene en párrafo aparte, no así en 'B'.

7. *(N. del T.).* Se trata de una falacia, es decir, un argumento engañoso o fraudulento que consiste en dar por sentada la falsedad de una afirmación según quién sea el emisor.

8. *(N. del T.).* Se refiere a la Revolución Gloriosa de 1688.

9. *(N. del T.).* Cfr. Carta a Percival del 21 de octubre de 1709, en *The Correspondence of George Berkeley*, Marc A. Hight (ed.), Nueva York: Cambridge University Press, 2013, pp. 23-24.

10. *(N. del T.).* Jorge I de la casa Hannover, reinó Gran Bretaña de 1714 a 1727.

11. *(N. del T.).* Cfr. *Passive Obedience*, sec. 3 y 15.

12. *(N. del T.).* El escrito inicia con «I, A.B., do swear...» porque en los formatos de juramento en Inglaterra se acostumbraba a poner las letras 'A.B.' donde debía insertarse el nombre del jurador. En su lugar, actualmente se usa una línea baja continua.

13. *(N. del T.).* En 'A' la plegaria «que Dios me ayude» viene en párrafo aparte.

14. *(N. del T.).* En 1702 se introdujo el juramento de abjuración con el propósito de rechazar el derecho al trono, así como el título de rey, de Jacobo II y de todos sus descendientes.

15. *(N. del T.)*. Se refiere a Jacobo Francisco Eduardo Estuardo, Jacobo III o el Viejo Pretendiente (Londres, 1688-Roma, 1766), quien en varias ocasiones intentó sin éxito reconquistar la corona que le fue arrebatada a su padre.

16. *(N. del T.)*. En 'A' el título de la ley viene en cursivas mientras el resto del juramento, a diferencia de en 'B', viene con letra de imprenta o de molde.

UN ENSAYO PARA PREVENIR LA RUINA DE GRAN BRETAÑA

Introducción

1. *The Parliamentary History of England. From the Norman Conquest in 1066 to the Year 1803*, 36 vols., W. Cobbett (ed.), vol. 7 (agosto de 1714-octubre de 1722), Londres: Thomas C. Hansard, 1811, col. 646.

2. *The Works of George Berkeley, Bishop of Cloyne*, Luce, A. A. y T. E. Jessop (eds.), vol. 6, Londres y Edimburgo: Nelson & Sons Ltd., 1953, p. 64.

3. Luce, Arthur A., *The Life of George Berkeley, Bishop of Cloyne*, Londres y Edimburgo: Thomas Nelson and Son Ltd., 1949, p. 82.

Un ensayo para prevenir la ruina de Gran Bretaña

1. *(N. del T.)*. En la edición 'A', no así en 'B' ni en 'C', aparece como subtítulo: *Un ensayo sobre los métodos para prevenir la ruina de Gran Bretaña*. El primer párrafo de *Un ensayo* es totalmente diferente en 'A': «Puesto que a Dios ha complacido visitar esta tierra, y hacernos sentir los efectos fatales de nuestra corrupción y locura, debemos preocuparnos por beneficiarnos de este juicio y hacerlo la ocasión de nuestra reforma más que de nuestra completa ruina. Es seguro, si nos hubiéramos permitido continuar algunos años más en esa tendencia de prosperidad que ya ha embrujado y corrompido tanto a la nación, que nos habríamos arruinado irremediablemente y nos habríamos convertido en los mismos esclavos viles y corruptos que aquellos cuyos vicios y locuras hemos copiado tan ansiosamente; si consideramos nuestras desgracias actuales y reflexionamos seriamente sobre las causas que nos han llevado a ellas, y las eliminamos al conducirnos de manera opuesta a como lo hemos hecho hasta ahora, aún podemos llegar a ser mejores personas y más florecientes de lo que nunca antes hemos sido; es evidente, tanto por la razón como por la experiencia, que el esfuerzo, la sobriedad de maneras y el temor a Dios

fortalece y preserva a una persona, de la misma manera que el vicio y la irreligión la arruina. Por lo tanto, es de desear de todo corazón que nuestra legislatura, que ama nuestro país, piense en métodos eficaces para restaurar y promover la religión, la industria, la frugalidad y el espíritu público, que siempre fueron y serán la única fuente segura de felicidad y prosperidad pública».

2. *(N. del T.)*. «La avaricia subvirtió la fe, la probidad y las demás virtudes; en su lugar enseñó la soberbia, la crueldad, el descuidar a los dioses y el considerar todas las cosas como venales». Salustio, *De Catilinae coniuratione*, cap. X. La cita es del historiador romano Cayo Salustio Crispo (86-34 a. C.), quien escribió una monografía histórica titulada *De Catilinae coniuratione* que versa sobre la conjura de Lucio Sergio Catilina para hacerse con el poder de Roma.

3. *(N. del T.)*. «El comportamiento de estos censores fue como el de aquellos miembros de nuestro propio gobierno que adquirieron sus oficinas mediante sobornos; que han tenido cuidado de descargar sus funciones así como de llenar el hueco causado por sus finanzas». Cicerón, *In Verrem* 2. 2.138.2-4. La cita corresponde al *Segundo discurso contra Cayo Verres* de Marco Tulio Cicerón (106-43 a. C.), que dirigió contra el político y magistrado romano conocido por su gobierno tiránico en Sicilia.

4. *(N. del T.)*. «Todos fueron movidos o por honores o por premios pecuniarios o por vengarse de enemistades». Julio César, *Bellum Civile* L. III, LXXXIII, 4. La cita pertenece a la obra *Guerra civil* del político romano Cayo Julio César (100-44 a. C.), en la que habla sobre las acciones militares de la segunda guerra civil de la república de Roma acontecida entre 49 y 45 a. C.

5. *(N. del T.)*. En 'A' el párrafo inicia: «En fin, podemos intentar arreglar nuestros asuntos pero será en vano».

6. *(N. del T.)*. Sobre esto mismo véase la obra *The Querist*, específicamente Qu. 1-47 y 217-254, v. 6.

7. *(N. del T.)*. La palabra *public* la traduzco, según el contexto, por 'público', 'gente', 'pueblo' o 'Estado'.

8. *(N. del A.)*. Esto fue publicado antes de que las casetas de peaje fueran erigidas. [*(N. del T.)*. La cita no aparece en 'A' pero sí en 'B' y en 'C'].

9. *(N. del T.)*. En relación con esto véase *The Querist*, por ejemplo, Qu. 62, 87, 130, 206, 217 y 372, v. 6.

10. *(N. del T.)*. Vid. Julio César, *De Bello Civili*, I, 39.

11. *(N. del T.)*. La palabra *Dutch* tenía varios usos, designaba tanto a las lenguas germánicas y a los pueblos que las hablaban, situados en las actuales Alemania, Austria, Suiza y Países Bajos, como a la lengua neerlandesa y a los neerlandeses en general.

12. *(N. del T.)*. Cfr. *The Querist*, Qu. 74. 82, 83, v. 6.

13. *(N. del T.)*. Traduzo *stockjobbing* por 'agio' porque la palabra en inglés, surgida en el siglo XVII, tenía un sentido negativo. No sólo se trataba de una actividad especulativa, sino que se entendía como una actividad en la que las personas negociaban con valores de manera fraudulenta.

14. *(N. del T.)*. Las mascaradas tienen su origen en la época medieval como bailes de máscaras de la corte, pero para el siglo XVI, y hasta principios del XVIII, se convirtieron en festividades públicas en las que había baile, canto, comida y representaciones teatrales. Como fiesta popular masiva la mascarada se prestó para diversas actividades y comportamientos y, por lo mismo, fue objeto de diversos ataques. Un caso extraordinario de un acontecimiento negativo en una mascarada fue el asesinato, en Estocolmo, del rey Gustavo III de Suecia, durante la mascarada de marzo de 1792.

15. *(N. del T.)*. En diciembre de 1508 el emperador Maximiliano I (duque y elector de Baviera), el rey de Francia Luis XII, Fernando el Católico (rey de Aragón) y el papa Julio II formaron la Liga de Cambrai contra Venecia. Luego de la victoria, y por conflictos entre los aliados, la Liga desapareció en 1510.

16. *(N. del A.)*. Marsella. [*(N. del T.)*. En 'A' no aparece esta cita pero sí en 'B' y en 'C'. Por otro lado, en 1720 aconteció la llamada «Gran peste de Marsella», plaga que trajo como consecuencia la muerte de entre treinta mil y cuarenta mil habitantes de dicha ciudad].

17. *(N. del T.)*. No es una cita textual, sino una paráfrasis; sin embargo, pueden encontrarse afirmaciones de Marco Tulio Cicerón sobre la convicción en la inmortalidad del alma en *Tusculanae Disputationes, Consolatio, De senectute, De legibus* o *Pro Archia*.

18. *(N. del T.)*. «Por lo más querido y sagrado» aparece en Cicerón, *De natura Deorum*, libro III, cap. XL, 94. Ver máxima 16 en *Máximas sobre el patriotismo*, p. 254, v. 6.

19. *(N. del T.)*. A modo de ejemplo se podría citar el monumento londinense erigido entre 1671 y 1677 para conmemorar el Gran incendio de Londres. Originalmente se atribuyó el incendio a un complot papista (católico), por lo que en 1681 se colocó una inscripción en el monumento para no olvidar tal afrenta; dicha inscripción fue retirada en 1830.

20. *(N. del A.)*. El proyecto del Mar del Sur. [*(N. del T.)*. La cita no aparece en 'A' pero sí en 'B' y 'C'].

21. *(N. del T.)*. Jessop retomó en 'C' el sentido original de la oración al cambiar la palabra «proper» por «improper», tal y como aparece en 'A' pero no en 'B'.

22. *(N. del T.)*. Cfr. *The Querist*, Qu. 70-73, 115, 120 y 398-409, v. 6.

23. *(N. del T.)*. Ambos partidos surgen en el siglo XVII. El término 'tory' es de origen gaélico y significa 'bandido'. Era un término despectivo con el que se llamó a los irlandeses pobres que terminaron en el bandidaje,

especialmente tras la invasión de Oliver Cromwell. Posteriormente hizo referencia a los 'papistas', considerados peligrosos y fuera de la ley. Por su parte, el término 'whig' es una palabra escocesa que significa 'moverse mucho'. En un principio designó a los ladrones de ganado y después fue aplicado a los presbiterianos escoceses que tenían fama de rebeldes; un tiempo fue sinónimo de rebelde contra el poder del rey. El partido tory fue, en términos generales, el partido de los aristócratas apegados a la tradición, mientras que el whig agrupó a ciertos propietarios de tierra y a los comerciantes, en suma, a los burgueses].

24. *(N. del T.)*. En 'A', no así en 'B', este párrafo está unido al inmediatamente anterior.

25. *(N. del T.)*. Esta misma idea es planteada en la máxima 26, *Máximas sobre el patriotismo*, p. 254, v. 6.

Discurso dirigido a los magistrados y hombres de autoridad

Introducción

1. Por lo general, tanto en libros especializados como en artículos académicos y/o divulgativos, se establece como fecha de publicación del *Discurso* 1738. Véase, a modo de ejemplo, el libro biográfico de Jones o la *Enciclopedia británica*: «He took a seat in the Irish House of Lords in 1737 and, while in Dublin, published *A Discourse Addressed to Magistrates and Men in Authority* (1738)». «George Berkeley», *Britannica*, https://www.britannica.com/biography/George-Berkeley [consultado el 15/05/2023].

2. Stock, Joseph, *Memoirs of George Berkeley, D.D. Late Bishop of Cloyne in Ireland*. Londres: J. Murray. En la primera edición (1776), p. 10, sin nota; en la reimpresión (1777), p. 30, nota 7. En la segunda edición (1784), p. 31, nota 11.

3. Fraser, A. C. (ed.), *The Works of George Berkeley*, vol. 4. Oxford: Clarendon Press, 1901, p. 479.

4. En la tercera edición (1726) del diccionario etimológico de Bailey el verbo *to blast* significa 'destruir' o 'dañar', por lo que la palabra *Blasters* podría traducirse por 'destructores' o 'dañinos'. Muy probablemente este es el sentido que le da Berkeley al tratarse de una sociedad considerada fiel a Satán. Por las descripciones que se hace de los Blasters, un antecedente suyo podría ser el de los Ranters del siglo XVII.

5. Cfr. Ensayo «Public Schools and Universities» y sermón «Anniversary Sermon before the SPG», v. 7.

6. Cfr. Ensayos «The Christian Idea of God» e «Immortality», sermones «On Eternal Life» y «On the Will of God», v. 7.

7. Es interesante destacar que pese a su defensa del cristianismo, Berkeley reconoce que cualquier sistema que respete un estado futuro es suficiente para el bienestar de la sociedad. Cfr. Sermón «On Eternal Life» y ensayo «The Future State», v. 7.

Discurso dirigido a los magistrados y hombres de autoridad

1. *(N. del T.).* La palabra *enormous* que aparece en el título también significaba en el siglo XVIII 'atroz' o 'abominable'.

2. *(N. del T.).* Lucio Junio Anneo Novato, llamado Lucio Junio Anneo Galión (Córdoba, ca. 3-65 d. C.), fue un político de la Roma antigua, hijo de Séneca el Rétor y hermano del filósofo Lucio Anneo Séneca.

3. *(N. del T.).* La importancia que se le da a los «principios» relaciona este escrito con los *Principios* (1710), en cuya Introducción Berkeley explicitó su interés por analizar y conocer los principios que guían el comportamiento de los hombres, y con los *Diálogos* (1713).

4. *(N. del T.).* En las obras de corte político, social y moral, Berkeley emplea el término «noción» de manera diferente a como lo usó en las segundas ediciones, o posteriores, de los *Principios* y los *Diálogos*, en donde 'noción' era un término epistemológico que servía para hablar del conocimiento de las otras mentes.

5. *(N. del T.).* Sobre el tema de la educación, véase *Alcifrón*, el ensayo «Public Schools and Universities» (1713), v. 7 y el sermón «Anniversary Sermon before the Society for the Propagation of the Gospel» (1732), v. 7.

6. *(N. del T.).* Muy similar al análisis desarrollado por Arnauld y Nicole en el capítulo XII de la cuarta parte de la *Logique ou l'art de penser*, la argumentación de Berkeley distingue claramente los prejuicios, opiniones adquiridas desde la infancia y que pueden ser verdaderas o falsas, de los principios, que son premisas necesariamente verdaderas que están en la base de todas las ciencias.

7. *(N. del T.).* Hechos 18, 17.

8. *(N. del T.).* El testimonio es un recurso importante en este escrito como lo fue en otras obras, véase *Principios* § 48, 84 y 95, v. 2; *Diálogos*, p. 251, v. 2; *Alcifrón* VI, 3, 5, 12-13, 23, 27-28, 30-31 y VII, 1, v. 3; sermones «On Immortality», «On Eternal Life» y «On the Will of God», v. 7.

9. *(N. del T.).* Estas nociones recibidas en la infancia como simples prejuicios son una de las principales críticas de los librepensadores contra la religión. Véase *Alciphron* II, 11, v. 3.

10. *(N. del T.).* Este párrafo no está presente en la edición de la *Miscellany*, publicada en Dublín en 1752.

11. *(N. del T.)*. Esta tesis es muy parecida a la expresada por Jonathan Swift en 1708 en *Un argumento en contra de la abolición del cristianismo*. Cfr. *Obras selectas*, Madrid: Espasa-Calpe, 2002.

12. *(N. del T.)*. Cfr. § 23 y 24 del *Tratado de la reforma del entendimiento* de Spinoza.

13. *(N. del A.)*. Aunque el juicio privado de un hombre sea una regla para él mismo, de ahí no se seguirá que tenga algún derecho a imponerlo como regla a los demás.

14. *(N. del A.)*. Ningún hombre puede decir que es obligado en conciencia, honor o prudencia, a insultar la sabiduría pública o a ridiculizar las leyes bajo cuya protección vive.

15. *(N. del T.)*. La misma idea fue desarrollada en *Obediencia pasiva*.

16. *(N. del T.)*. Compárese este pasaje con *Principios* § 155-156, v. 2.

17. *(N. del T.)*. Es probable que Berkeley esté lanzando aquí una crítica a la actitud de tories y whigs de rechazar el derecho divino, porque al ser descuidado y repudiado públicamente ya no podía fungir, como alguna vez lo hizo, como el gran guardián del Estado o como aquello que le brindaba seguridad.

18. *(N. del A.)*. Ver *Alcifrón*, diál. III y IV, v. 3. [*(N. del T.)*. En las ediciones de 1738, como señala y corrige Jessop, hay un error del editor porque remite a los diálogos III y VI de *Alcifrón* en lugar de a los III y IV].

19. *(N. del A.)*. *Scientia Sinensis*, Lib. 1, fol. 12. [*(N. del T.)*. Se refiere al libro *Confucius Sinarum Philosophus, sive Scientia Sinensis*. Se trató de una edición francesa del libro de Confucio editada en París en 1687 en honor al rey Luis XIV, también llamado Ludovico Magni o Rey Sol].

20. *(N. del T.)*. Jessop señala que Berkeley consideró las obras de Milton (*Tenure of Kings and Magistrates* y *The Ready and Easy Way to establish a Free Commonwealth*), los *Discourses concerning Government* (1698) de Algernon Sidney, así como la *Oceana* (1656) de Harrington (a la que se referirá explícitamente más adelante) que Toland reimprimió en 1700. Cfr. *The Works of George Berkeley, Bishop of Cloyne*, Luce, A. A. y T. E. Jessop (eds.), vol. 6, Londres y Edimburgo: Nelson & Sons Ltd., 1953, p. 210.

21. *(N. del A.)*. Los hombres olvidan que la libertad consiste en un medio, o que hay algún otro extremo además de la tiranía.

22. *(N. del A.)*. En *Protágoras*. [*(N. del T.)*. La cita se encuentra en *Protágoras* 322c].

23. *(N. del A.)*. *De Legibus*. [*(N. del T.)*. La referencia aparece en *Las Leyes* 835c].

24. *(N. del A.)*. Ver *Alcifrón*, diál. I, secc. 16.

25. *(N. del A.)*. Será suficiente si tal analogía aparece entre las dispensaciones de gracia y naturaleza, como es probable suponerlas a partir del propio autor. *Alcifrón*, diálogo VI, secc. 31.

26. *(N. del A.)*. Stobaeus, *De leg. et consuet.*, Ser 145. [*(N. del T.)*. La cita remite a las *Sentencias* del doxógrafo romano Juan Estobeo (V-VI d. C.), quien realizó una recopilación de textos llamada *Antología de extractos, sentencias y preceptos*. La referencia exacta está en *Sentencias* (también llamadas *Florilegium*) XLIV, 20].

27. *(N. del A.)*. Δαίμων κακός. [*(N. del T.)*. 'Daímon' (Δαίμων) es un sustantivo masculino que significa, entre otras cosas, dios o estar bajo el poder de; mientras 'kakós' (κακός) es un adjetivo masculino que significa malo, vil, feo, destructivo].

28. *(N. del A.)*. *De repub.* Lib. V. [*(N. del T.)*. La nota refiere a la *Política* de Aristóteles, específicamente al libro V, cap. 11, en 1314b38-42].

29. *(N. del A.)*. *De repub.* Lib. VII, cap. 17. [*(N. del T.)*. Nuevamente la nota refiere a la *Política* de Aristóteles, pero la cita se encuentra más bien en el cap. 8 del libro VII, específicamente en 1328b12].

30. *(N. del A.)*. *De Leg.* Lib. IV y lib. VI. [*(N. del T.)*. La nota refiere a *Las Leyes* de Platón].

31. *(N. del A.)*. Arist., *De Republ.* Lib. II, cap. 8. [*(N. del T.)*. La cita se encuentra en *Política* 1267b34]

32. *(N. del A.)*. La abolición de la religión cristiana sobre un principio frugal debe ser una mala política, si podemos juzgar lo que será por lo que ha sido en los grandes Estados paganos de la antigüedad; cuyas religiones, tras una justa consideración, se encontrará que han sido más costosas.

33. *(N. del A.)*. *Discursi*, Lib. I, cap. 12. [*(N. del T.)*. Se refiere a los *Discursos sobre la primera década de Tito Livio* de Maquiavelo, redactados entre 1512/13 y 1517 y publicados póstumamente en 1531].

34. *(N. del T.)*. Probablemente Berkeley tiene en mente el *Ensayo* de Locke I.iv. 7-16.

35. *(N. del T.)*. Cfr. *Principios* § 84, v. 2; *A Letter to Sir John James*, pp. 139-155, v. 7; *Alcifrón* VI 10 y VI 30-31, v. 3.

36. *(N. del A.)*. *Hist.* BK. V. [*(N. del T.)*. La cita refiere a las *Mémoires* de Philippe de Commines, obra que recoge la historia de los reinos de Luis XI y Carlos VIII. Las *Memorias* fueron publicadas por separado en 1524 (libros I a VI) y 1528 (libros VII a VIII)].

37. *(N. del A.)*. *Test. Pol.* c. 8. [*(N. del T.)*. Se trata de la obra *Testament politique de Messire Jean-Baptist Colbert, minister et secretairde d'Etat* (1684), escrita por el polígrafo francés Gatien de Courtilz de Sandras].

38. *(N. del A.)*. P. 27, primera edición. [*(N. del T.)*. La cita se refiere a la obra *La república de Oceana* (1656) del teórico político inglés James Harrington].

39. *(N. del A.)*. *Ibid.*

40. *(N. del T.)*. Berkeley tiene en mente a Inglaterra.

41. *(N. del A.).* No es la razón que se propone cándidamente lo que ofende, sino el agravio, el insulto, la ridiculización de las leyes nacionales y de la religión; todo esto beneficia al librepensamiento, y debe ser necesariamente ofensivo para todo hombre razonable.

42. *(N. del T.).* El tema del estado futuro o vida después de la muerte es abordado por Berkeley en algunos de sus *Sermones*, sermón «On Eternal Life» y «On the Will of God», y de sus ensayos en el periódico *The Guardian*, como «Immortality» o «Christian Idea of God».

43. *(N. del A.).* Vol. III, Miscel. 3, cap. 2. [*(N. del T.).* Referencia a la obra en tres volúmenes *Characteristics of Men, Manners, Opinions, Times* (1711) de Anthony Ashley Cooper, III conde de Shaftesbury. Este autor también fue criticado por Berkeley en los diálogos II y III del *Alcifrón*].

44. *(N. del A.). Investigación sobre el origen de la virtud moral.* Ed. 6, p. 37. [*(N. del T.).* Este ensayo formó parte de la obra *La Fábula de las abejas o vicios privados, beneficios públicos* (1714) del neerlandés Bernard Mandeville].

45. *(N. del A.).* Las Observaciones del autor sobre su *Fábula de las abejas*, p. 379. [*(N. del T.).* Las *Observaciones* son un comentario que también forma parte de la *Fábula* de Mandeville].

46. *(N. del A.). Observaciones*, parte II, p. 155.

47. *(N. del A.).* ¿No hay diferencia entre ser indulgente con las conciencias escrupulosas y tolerante con los escarnecedores públicos de toda conciencia y religión?

48. *(N. del A.).* Un hombre que se permite seguir su propio juicio privado no puede quejarse, aunque no pueda establecerlo como regla pública.

49. *(N. del A.).* Hay un justo medio en las cosas, que los hombres sabios descubren, mientras los insensatos siempre se están equivocando en extremos.

50. *(N. del A.). Rhet.* Lib. I, cap. 15. [*(N. del T.).* Se refiere a la *Retórica* de Aristóteles, el pasaje citado se encuentra en 1375b23].

51. *(N. del A.).* La razón que alegando modestamente desde un principio de conciencia no tiene nada cruel que aprender de nuestras leyes, y espero que nunca lo haga. Al mismo tiempo, se tiene que admitir que todo alegato contra la ley debe ser muy suave y modesto.

52. *(N. del A.).* Una cosa es el escarnecedor profano y sin ley, y otra el modesto inquiridor de la verdad.

53. *(N. del T.).* Frase bíblica tomada de Habacuc 2, 2, significa que lo dicho es perfectamente claro para cualquiera.

54. *(N. del A.).* Blasters. [*(N. del T.).* En su traducción no publicada, Sébastien Charles señala que el significado de la palabra *blasters* es «deliberadamente» equívoco, «pues se puede traducir *Blasters* por *los destructores*, pero el verbo *to blast* significa, en un sentido más preciso, 'que el

diablo prevalece!' (*blast him*). Este es el sentido que se debe retener aquí, ya que Berkeley considera explícitamente a los *Blasters* como fieles a Satanás»].

55. (*N. del A.*). Aquellos (si hay tales) que piensan servir a la Reforma uniéndose a los Blasters y a los adoradores del demonio en un alegato de licencia, son en verdad un escándalo y una vergüenza para la causa protestante.

56. (*N. del T.*). Por las características que Berkeley le atribuye a los Blasters es inevitable no compararlos con los 'Ranters' de la Inglaterra del siglo XVII. Aunque al parecer fue un grupo creado por la imaginación de la época, lo importante es que en su momento se les consideró fanáticos, satánicos, libertinos y dañinos para la sociedad. En suma, eran un antecedente de los Blasters descritos por Berkeley. Cfr. Labuzetta, Evan, «'This Diabolical Generation'. The Ranters and the Devil», *Literature Compass* 5, 3, 2008, pp. 591-602 y Davis, J. C., *Fear, Myth and History: The Ranters and the Historians*, Cambridge: Cambridge University Press, 1986.

57. (*N. del A.*). Los que alegan un derecho a contradecir las leyes no pueden pretender ninguno por hacerlo con insolencia o falta de respeto.

58. (*N. del A.*). Hacer de la causa de tales hombres la causa de la libertad o la tolerancia sería monstruoso. A un hombre no se le permite blasfemar públicamente, por tanto, no puede pensar libremente; un inmoral profano no se entrega a la adoración pública del demonio, por tanto, una persona concienzuda no puede servir a Dios a su manera. ¿No es esto absurdo?

59. (*N. del T.*). Berkeley introduce el sustantivo *outworks* como referencia metafórica a las posiciones defensivas construidas afuera de las fortificaciones.

60. (*N. del T.*). Esta idea es muy parecida a la planteada por Swift en su *Abolición del cristianismo en Inglaterra* (1708): «Opinions, like fashions always descending from those of quality to the middle sort, and thence to the vulgar, where at length they are dropt and vanish» (Las opiniones, como las modas, descienden siempre de las clases dirigentes a las clases medias y finalmente al vulgo, donde se las abandona y desaparecen). *The Writings of Jonathan Swift*, Greenberg, Robert A. y William B. Piper (eds.), Nueva York: Norton & Company Inc., 1973, p. 461].

61. (*N. del T.*). Se trata de George Forbes, tercer conde de Granard (1685-1765).

62. (*N. del T.*). En el parlamento británico cuando se habla de una sesión se hace referencia a un año parlamentario. Cuando Berkeley habla en este párrafo de «sesión» se refiere al periodo de sesiones de los órganos parlamentarios.

63. *(N. del T.)*. El Señor Gobernador o *Lord Lieutenant* es el representante de la corona inglesa en cada país o región del Reino Unido, a lo largo de la historia ha cumplido funciones de gobernador principal, jefe de gobierno y virrey. Tras la Revolución Gloriosa (1690) el título empleado en Irlanda fue *Lord Lieutenant of Ireland*, que existió hasta 1922 con la fundación del Estado Libre Irlandés. El 10 de marzo de 1737 el gobernador o virrey de Irlanda era Lionel Cranfield Sackville, primer Duque de Dorset, en funciones del 23 de junio de 1730 al 9 de abril de 1737. Dorset fue precedido por el Duque de Devonshire.

64. *(N. del T.)*. Enoch Stern o Sterne fue un importante funcionario irlandés, abogado, recaudador de Wicklow y editor en Dublín del libro *A Defence of the Protestant Faith, against the Calumnies of the Church of Rome* (1733). Firmó el informe como *Clerk of the parliaments*, es decir, como *Clerk of the House of Lords*. El *clerk* o secretario era el funcionario de mayor rango en la Cámara Alta. Cumplía varias funciones, desde ser jefe de la administración, principal asesor en materia de procedimiento y normas, mantener los registros oficiales de los miembros y de los debates y acuerdos de la Cámara, etc.

DOS CARTAS CON MOTIVO DE LA REBELIÓN JACOBITA

Introducción

1. Cfr. Cartas a Gervais del 24 de noviembre de 1745 y a Prior del 17 de diciembre del mismo año (se presume que es del mismo año aunque en el manuscrito se omite el año), en *The Correspondence of George Berkeley*, Marc A. Hight (ed.), Nueva York: Cambridge University Press, 2012, pp. 487-488.

2. Faulkner fue un personaje importante del siglo XVIII dublinés. Para conocer más detalles sobre su vida puede consultarse el *Dictionary of National Biography*, Leslie Stephen (ed.), Londres: Smith, Elder and Co., 1889, vol. XVIII, pp. 242-244.

3. Jessop T. E., «Editor's Introduction to *Two Letters on the Occasion of the Jacobite Rebellion 1745*», en *The works of George Berkeley, Bishop of Cloyne*, vol. 6, *op. cit.*, p. 225.

4. *The London Magazine and Monthly Chronologer*, Londres: T. Astley, vol. 14, noviembre, 1745, p. 559.

5. *An Impartial History of the Life and Death of James the Second*, Dublín, 1746. Cfr. Jessop T. E., *A Bibliography of George Berkeley*, 2.ª ed., La Haya: Matinus Nijhoff, 1973, p. 36.

6. Jessop T. E., *A Bibliography of George Berkeley*, p. 36.

Dos cartas con motivo de la rebelión jacobita

1. *(N. del T.)*. Véase *A Letter to Sir John James*, v. 7, pp. 143-155.
2. *(N. del T.)*. Se trata de la llamada Act of Settlement o Ley de instauración del 12 de junio de 1701. Fue una ley promulgada en Westminster, Londres, y cuya finalidad era principalmente regular los derechos de sucesión a la Corona al declarar que todos los futuros sucesores debían ser parte de la Iglesia anglicana. La intención de fondo, de excluir definitivamente a los católicos romanos, era dejar fuera de la sucesión al trono a los descendientes de Jacobo II (muerto en 1701), sobre todo a su hijo Jacobo Francisco Estuardo, al que Roma y el rey de Francia, Luis XIV, reconocieron ese año (1701) como rey de Inglaterra bajo el nombre de Jacobo III.
3. *(N. del T.)*. El signo de interrogación sólo aparece en 'E', no en 'B' ni en 'D'.
4. *(N. del T.)*. El signo de interrogación está en 'B' y 'E' pero no 'D'.
5. *(N. del T.)*. Una frase, «volver sobre sus propias cabezas», que aparece constantemente en la Biblia.
6. *(N. del T.)*. En 'B' y 'E' se añade guion a «dear-bought», no así en 'D', «dear bought».

UNA ADVERTENCIA O EXHORTACIÓN AL CLERO CATÓLICO ROMANO DE IRLANDA

Introducción

1. Breuninger, Scott, *Recovering Bishop Berkeley: Virtue and Society in the Anglo-Irish Context*, Nueva York: Palgrave Macmillan, 2010, p. 156.
2. Jessop, Editor's Introduction to *A Word to the Wise*, en *The Works of George Berkeley, Bishop of Cloyne*, A. A. Luce y T. E. Jessop (eds.), Londres y Edimburgo: Nelson & Sons Ltd., vol. 6, 1953, p. 233.

Una advertencia o exhortación al clero católico romano de Irlanda

1. *(N. del T.)*. «Nada humano me es ajeno». Terencio, *Heautontimorúmenos*, 77.
2. *(N. del T.)*. Traduzco *A Word to the Wise* por 'Una advertencia' y no por 'Una palabra a los sabios'. En algunas ediciones francesas de las obras de Berkeley de finales del siglo XVIII y siglo XIX, y tengo noticia de una de principios del siglo XX, se hace referencia a esta obra con la tra-

ducción literal *Un mot aux Sages*; sin embargo, se trata de una expresión aún vigente que se emplea para advertir o aconsejar. Sus primeros registros —según el Oxford English Dictionary— se remontan al siglo XVI en los poemas de William Dunbar y en la *Archaeologia* de John Mountgomery.

3. *(N. del T.).* Cfr. con *Querist* 357 y 512, v. 6 y con *Alcifrón* VI, 22, p. 262, v. 3.

4. *(N. del T.).* Último recurso.

5. *(N. del T.).* Berkeley se refiere a la hambruna que sufrió Irlanda entre 1740 y 1741 a causa de las fuerte heladas que azotaron Europa y que causaron pérdida de cosechas, altos precios de los alimentos básicos y exceso de mortalidad.

6. *(N. del T.).* «El placer del trabajo mismo». Marco Manilio, poeta romano autor del poema en cinco libros de tema astrológico denominado *Astronomica*.

7. *(N. del A.).* Ejemplo, Newport Pagnell en Buckinghamshire.

8. *(N. del T.).* Esta idea remite a la defensa del autor de infundir nociones o prejuicios saludables a temprana edad. Véase *Discurso dirigidos a los magistrados*, p. 203 ss, v. 6.

9. *(N. del T.).* La cita se encuentra en 33, 28.

10. *(N. del T.).* Ovidio, *Metamorfosis*, lib. IV, 428: «Es correcto ser enseñado incluso por un enemigo».

11. *(N. del T.).* Esta respuesta se anexó al texto *Un consejo o una exhortación* en la reedición de Dublín y Waterford (1750) y en la de Dublín (1752).

MÁXIMAS SOBRE EL PATRIOTISMO

Introducción

1. Breuninger, Scott, *Recovering Bishop Berkeley: Virtue and Society in the Anglo-Irish Context*, Nueva York: Palgrave Macmillan, 2010, p. 156 y nota 93.

2. Ver máximas 15, 24, 26, 27, 30, 37, 41 y 42.

3. Jones, Tom, *George Berkeley: A Philosophical Life*, Princeton NJ: Princeton University Press, 2021, p. 436.

4. Luce, A. A., *The Life of George Berkeley, Bishop of Cloyne*, Edimburgo: Thomas Nelson & Sons Ltd., 1949, pp. 180-182.

Máximas sobre el patriotismo

1. *(N. del T.)*. Frase que aparece también en el *Ensayo para prevenir la ruina de Gran Bretaña* (p. 79 de la edición de Luce y Jessop) y significa «por lo más querido y sagrado». Cfr. Cicerón, *De natura Deorum*, libro III, cap. XL, 94.

2. *(N. del T.)*. En las ediciones 'B' y 'C' aparece «suspected» que traduzco por 'sospechoso', en la edición 'A' se emplea la palabra «bad».

3. *(N. del T.)*. La máxima indica que no hay ninguna exigencia de la conciencia lo suficientemente poderosa como para contrariar un juramento, esto es, para que un hombre jure en falso. La máxima no aparece en 'A', fue añadida en 'B'. Jones sugiere que en las *Máximas* aún subyace el compromiso político de Berkeley con el juramento de lealtad hacia el Estado y la Iglesia establecida. Ver Jones, Tom, *George Berkeley: A Philosophical Life, op. cit.*, pp. 435-436.

4. *(N. del T.)*. Esta máxima no aparece en la edición 'A'. Traduzco la cita como «existen palabras y voces que pueden mitigar el dolor» que se encuentra en Horacio, *Epístolas*, 1.1, 34. Se trata de la epístola de Horacio a Maecenatem en la que el poeta latino expresa su intención de alejarse de las diversiones que lo entretenían para dedicarse al estudio y la práctica de la filosofía.

5. *(N. del T.)*. No aparece en edición 'A', máxima añadida en 'B'.

6. *(N. del T.)*. Íbico, poeta lírico griego del siglo VI a. C., oriundo de la región de Rhegium en la Magna Grecia, hoy Reggio di Calabria (Italia). Es recordado por escribir versos tanto eróticos como sobre temas mitológicos. Se conservan algunos fragmentos de su obra y se sabe de la existencia de otros gracias a citas de autores antiguos.

7. *(N. del T.)*. En las ediciones 'B' y 'C' la máxima concluye con «present age» que traduzco por 'época actual'. La edición 'A' concluía con «present merry age».

8. *(N. del T.)*. En las ediciones 'B' y 'C' se incluyen las palabras «sour malcontents» que traduzco por 'amargados descontentos'. En la edición 'A' se lee «snarling sour malcontents».